Moi, Safiya
J'ai échappé à la lapidation

SAFIYA HUSSAINI TUNGAR TUDU
Avec la collaboration de Raffaele Masto

MOI, SAFIYA
J'ai échappé à la lapidation

Traduit de l'italien par Serge Filippini

Titre original :
Io, Safiya

Publié par Sperling & Kupfer Edition, Italie.
Parution en langue française en accord avec Linda Michaels, International Literary Agents.

© Safiya Tungar Tudu, 2003.
© Éditions Michel Lafon, 2004, pour la traduction française.
7-13, boulevard Paul-Émile-Victor - Île de la Jatte
92521 Neuilly-sur-Seine Cedex

Prologue

En fuite

La savane. Terre chaude à perte de vue. Terre ocre rouge. Horizon d'églantiers, d'acacias, de baobabs. J'y étais née. Je l'avais parcourue pieds nus des centaines de fois. Pourtant, ce matin-là, il me semblait ne pas la reconnaître. Au fond de mon cœur, je la sentais étrangère, hostile, comme tout ce qui m'était familier depuis l'enfance : ce monde où j'avais vécu en sécurité, ces gens que j'avais regardés comme des amis. Ce monde, ces gens... Ils venaient de m'imposer le pire des destins. Une fin atroce que je cherchais à fuir depuis deux jours.

Mon destin... Comment ne pas y songer ? Il était là, aux aguets, tapi dans les confins de mes pensées, ombre malfaisante, terrifiante, prête à bondir dès que mes yeux rencontraient l'une des innombrables pierres jonchant le sol poussiéreux. Ces pierres qui allaient me meurtrir. Qui devaient me tuer... Car mon destin était de mourir lapidée.

Je me voyais déjà enterrée jusqu'aux épaules, la tête couverte d'un sac. Les pierres me frappaient. On les jetait avec force sur moi, sur ma tête, jusqu'à mon dernier soupir... J'éprouvais la douleur. Le sang me collait au visage. Je me demandais combien de temps durerait le supplice, combien de temps la mort attendrait pour me délivrer.

En un sens, j'étais déjà morte. C'est ce que je me disais, alors que je progressais péniblement dans la chaleur suffocante. En prenant la fuite, je n'abandonnais pas seulement derrière moi mon village, Tungar Tudu, mais mes racines. Derrière moi, il y avait tout. Et devant, rien que les ténèbres, la peur et la mort.

Pourtant il me restait une conviction, un bien, le seul capable de m'obliger à lutter et à survivre : Adama, ma fille. Elle était avec moi. Elle pesait sur mon dos, balluchon tendre et chaud, cause innocente de ma tragédie...

De ma vie, je n'avais jamais eu aussi peur. C'était la peur de l'animal traqué. Si puissante qu'elle me donnait des ailes dans ce paysage de feu ! Moi qui étais à bout de forces, combien de temps allais-je pouvoir tenir encore ? Et Adama, si petite, si fragile... Combien d'heures allions-nous survivre ? Les maigres provisions de nourriture que j'avais emportées au moment du départ s'étaient vite épuisées. Je n'avais plus de viande séchée. Plus de farine. Plus de lait non plus. Il me restait juste un peu d'eau que je voulais garder pour Adama quand elle se réveillerait.

Le soleil était haut à présent. Si je continuais, c'était la mort assurée, pour moi et pour ma petite fille. Je devais me dépêcher de trouver un refuge où attendre le coucher du soleil. Plus tard, avec la nuit, je me remettrais en route. Un arbre se dressait à quelque distance. J'eus de la peine à l'atteindre. Et quand je voulus me coucher sur le sol, je vis des silhouettes bouger dans le lointain. Des chameaux suivis d'un berger... Si j'arrivais jusqu'à lui, peut-être me donnerait-il à manger. Et de l'eau ! Je voulus attirer son attention par des cris. Je rassemblais déjà mes forces, mais quelque chose m'en empêcha. *Non, ne l'appelle pas ! Reste cachée ! À l'heure qu'il est, tous les villages ont appris ta condamnation. Qui te verra te dénoncera à la police...*

Désespérée, je me laissai tomber au pied de l'arbre. Je gardai les yeux fixés sur le berger jusqu'à le voir s'évanouir dans la brume jaune et sale. Alors je pleurai. Mes premières larmes depuis que j'avais fui le village. Car à présent, je voyais s'étendre devant moi l'immensité de ma solitude. Aucun être humain ne pouvait rien pour moi. Qu'allait-il advenir de nous ? Je regardai Adama. Elle ne se doutait de rien. Elle s'était endormie sur la natte.

Moi, je restai éveillée. J'attendis le coucher du soleil. J'avais toujours aimé ce moment de la journée. D'habitude, c'était l'heure où j'arrêtais toute besogne pour m'abandonner au plaisir de la rêverie. J'observais les changements de couleurs et les dessins étranges que les ombres, en grandissant, dessinent sur le sol. Mais rêver n'était plus pour moi. Quand le soleil commença à descendre vers l'horizon, je n'éprouvai aucune sensation agréable. Indifférente à la nouvelle fraîcheur de l'air, le corps et l'esprit vidés de toute énergie, je hissai péniblement la petite sur mes épaules. La présence du berger était une indication : il y avait dans les parages un point d'eau où abreuver les bêtes. Je devais m'y rendre à mon tour. Si je voulais survivre, boire était plus important que manger.

Je pris dans cette direction. J'avais la bouche et la

gorge desséchées. Tout me semblait flou. Était-ce la forte chaleur ? Était-ce la faiblesse ? Maintenant, je traînais les pieds. Chaque pas m'accablait de fatigue.

Adama se mit à gémir. Voilà deux jours que la pauvre chérie n'avait pas avalé un vrai repas. Elle devait se sentir encore plus mal que moi. Je m'arrêtai pour lui donner la dernière goutte d'eau. Elle l'engloutit avidement. Je me demandai avec angoisse ce qui nous attendait si je ne me dépêchais pas de trouver ce point d'eau. Je me remis en route, titubant et trébuchant dans un paysage qui s'estompait. Je marchai et marchai encore. Jusqu'à la tombée du soir. Jusqu'à la nuit complète. Jusqu'à me rendre compte que poursuivre dans l'obscurité n'avait aucun sens.

Je n'avais pas trouvé le point d'eau. Peut-être m'étais-je trompée de route. Peut-être Dieu voulait-Il me voir lapidée à cause de cette faute gravissime que j'avais commise, et que mon ignorance m'empêchait de comprendre...

J'étendis la natte au pied d'un arbre. J'y couchai Adama, et je me laissai tomber auprès d'elle, adossée au tronc. Comme je le craignais, la fillette se réveilla. Ses cris désespérés me serraient le cœur. C'était affreux de savoir qu'elle avait faim, qu'elle avait soif, et que je n'avais rien d'autre à lui donner que mon amour. Je la pris dans mes bras. Je la caressai. Je lui parlai doucement. Elle finit par s'apaiser. Puis sa respiration se fit régulière : elle s'était rendormie.

Sous cet arbre, dans le noir, je fus assaillie de pensées qui toutes se rapportaient à mon destin. Les pierres. La douleur. Le sang – mon sang, ma mort. Peu à peu, je glissai dans le sommeil ; et je redevins la proie de mes cauchemars.

Je m'éveillai avec l'aube – ma troisième aube depuis ma fuite.

Adama dormait encore. Elle allait ouvrir les yeux d'un instant à l'autre. De nouveau la faim et la soif lui arracheraient des larmes. Et de nouveau je ne pourrais rien faire.

Ne te réveille pas, petit cœur. Continue de dormir. Ce sera mieux. Tu ne sentiras pas la faim, la soif, la douleur...

Envahie de tristesse, je regardais ma fille. C'était elle qui comptait. Plus encore que ma propre vie. C'était sa vie à elle qu'il fallait sauver. Au prix de la mienne, si nécessaire.

Si je réussissais à atteindre un village, je pourrais me rendre à la police. Alors Adama serait sauvée. Tandis qu'en restant dans la savane, nous étions sûres de périr toutes les deux. Désormais, même la perspective d'être lapidée me semblait préférable. Tout, plutôt que de mourir ici. Mieux valait finir parmi les hommes, et tuée par eux, que mourir comme une bête traquée.

Pour me convaincre de cette idée, je regardai autour de nous. Et c'est alors que je le vis.

Un puits. À quelques mètres de moi. La veille, dans le noir, je ne l'avais pas trouvé. À cause de l'épuisement. Adama allait pouvoir se désaltérer. Et moi aussi.

C'était le salut. C'était un signe de Dieu – j'en étais certaine. Dieu me disait Sa volonté, et Sa volonté était de nous voir vivre toutes les deux.

Safiya Hussaini Tungar Tudu

Quand je voulus me lever pour atteindre le puits, je m'aperçus que mes jambes refusaient de me porter. Je dus m'y rendre à quatre pattes. Je haletais. Je cherchai à tâtons le seau de bois mis à la disposition des voyageurs, et le trouvai au bout de sa corde. Je le fis descendre, le remontai. Ce geste, répété des milliers de fois, exigea de ma part un effort démesuré. Quand le seau toucha le bord du puits, j'étais à bout. Je devais boire. Il le fallait ! Mais j'étais trop fatiguée. Trop faible. Je m'obligeai à réagir. Dieu ne pouvait m'avoir guidée jusqu'à ce puits pour rien ! Des gouttes d'eau m'éclaboussèrent les mains. Elles étaient si fraîches... Cette sensation suffit à m'insuffler l'énergie nécessaire. J'approchai du seau mes lèvres desséchées. Je touchai l'eau. La première gorgée. La deuxième... Le retour à la vie. L'eau me lavait le corps comme la pluie lave les champs brûlés par le soleil. Je bus à satiété. Ayant récupéré mes forces, je fis boire Adama qui s'était réveillée. Elle aussi parut revivre. Ses pleurs perçaient le silence d'un nouveau jour. Ma petite fille avait faim, à présent. Et c'était aussi un signe de Dieu. Il nous avait donné l'eau, mais pas la nourriture. Pour trouver à manger, je devais mettre un terme à ma fuite. Trouver un village. Et y réclamer de l'aide.

C'était l'heure de la prière. Étendre la natte me causa une immense fatigue. J'accomplis ce geste lentement, puis je me prosternai. Et dans l'instant, Dieu m'adressa un autre signe. Un arbre. Un baobab différent de tous les autres, au tronc énorme, trapu et creux – un vrai refuge. Je n'en croyais pas mes yeux. Était-ce vraiment lui ? Je connaissais cet arbre. Je le connaissais même assez bien. Pour l'avoir déjà vu. Déjà observé. Sa forme m'avait intriguée. Quand ? Je ne me rappelais plus. Certainement un jour que j'étais allée voir un frère de mon père au village de Jinjina.

Il n'y avait pas de doute. Le sentier menant à la colline m'était familier. Cette colline derrière laquelle se trouvait Jinjina. Je soulevai Adama. Je l'attachai derrière mon dos. Un dernier effort nous attendait. Un effort décisif. Je m'avançai lentement, de peur de tomber. Je progressai pas à pas. Encore. Encore.

Je marchais depuis des heures. Ce sentier ne finirait donc jamais ? La fatigue me poussait à le croire. Quand j'entrai à Jinjina, le soleil n'était plus très haut sur l'horizon. Les vieux étaient déjà sortis s'asseoir devant les cases. Ils me regardaient d'un air stupéfait. Épouvanté, même. Quel pitoyable état devait être le mien !

Devant la case de mon oncle, je marquai une hésitation. Puis j'entrai. Il se dépêcha de me faire servir un bol de riz accompagné de *kassawa* – c'est-à-dire de manioc – et de viande. Il attendit en silence que j'aie mangé et nourri Adama. Puis il me parla franchement. Il était au courant pour la condamnation. Il savait que je m'étais enfuie. Il estimait que je devais retourner à Tungar Tudu. Pour mon père. Mon père qui se désespérait sans doute à l'idée de m'avoir peut-être perdue à jamais. Mon oncle ajouta qu'il prierait pour moi, et que la famille ferait tout pour me sauver. Je ne devais pas perdre espoir, dit-il aussi. Pour une sentence de lapidation, il était possible de faire appel.

Safiya Hussaini Tungar Tudu

Ses paroles m'étaient d'un grand réconfort. N'avais-je pas décidé trop vite de m'enfuir ? Pire : n'avais-je pas agi comme une inconsciente, comme une écervelée, une imprudente ? Je n'étais pas seule ! J'avais encore ma famille avec moi. Elle m'attendait pour me protéger. Pour m'aider.

Mon oncle s'en alla pour la prière matinale. Je restai seule avec Adama qui dormait, rassasiée. Je m'étendis sur la natte. Je me sentais plus confiante, plus sereine. Bientôt, vint le sommeil. Quand mes yeux se fermèrent, je savais ce que je ferais le lendemain. Je savais que je rentrerais à la maison. À Tungar Tudu. Dans mon village. Là où tout avait commencé.

1

Une enfance au pays haoussa

Safiya... Je songe à la signification de mon prénom : tranquille, pacifique, pure. Je pense qu'Allah l'a soufflé à mon père afin qu'il me serve de talisman. Car une incroyable tempête a bouleversé ma vie. Aujourd'hui que ces épreuves sont derrière moi, je sais que je ne leur aurais pas survécu si je n'avais possédé cette âme tranquille, pacifique et pure.

Mon nom complet est Safiya Hussaini Tungar Tudu, ce qui signifie à peu près Safiya, de la famille Hussaini, du village de Tungar Tudu. Tungar Tudu est une agglomération du Sokoto, un des États musulmans du nord du Nigeria, aux confins du Sahel.

Ce village est à mes yeux unique au monde. C'est là que je suis née. J'y ai grandi. Et j'y suis retournée après avoir affronté tant de vents contraires. Tungar Tudu est mon nid, mon refuge, le seul lieu sur la terre où je me sente heureuse. Je ne m'imagine pas faire ma vie ailleurs.

Mon village ressemble à tous ceux de la région. C'est un petit regroupement de cases circulaires, faites de boue séchée, toutes bâties sur le même modèle. La maison se compose d'une grande pièce unique destinée aux heures nocturnes, et d'un petit nombre de pièces plus étroites, séparées par des toiles, qui toutes ouvrent sur la cour où vit la famille durant la journée. C'est dehors que se prennent les repas, et que s'effectuent les besognes domestiques. Dehors, on reçoit les visites, on parle, on joue. Parfois, et c'était le cas chez nous, la cour s'enrichit d'un petit terrain qui sert de jardin potager ou de jardin tout court. Dans ces villages, la mosquée est la seule construction qui se distingue des autres, et notamment des habitations. Par sa taille, d'abord, et parce qu'elle est surmontée d'une coupole circulaire.

Au village, la journée est rythmée par le soleil, et la vie déterminée par la présence de la savane. Nous nous considérons comme les enfants de cette étendue sans fin, ocre et rougeâtre, semée de maigres églantiers et de ces immenses baobabs que nous appelons *kuka*. Ce n'est pas un hasard si nous nous définissons nous-mêmes comme les « gens de la savane ». C'est là que nous élevons les chèvres, les vaches et les chameaux. Avec sa terre, nous construisons nos cases. Sur son sol, nous nous efforçons de faire pousser un peu de verdure.

La principale menace qui pèse sur la vie simple et harmonieuse du village, ce sont les hyènes. Elles représentent surtout un danger pour les enfants. Car notre savane pullule de ces bêtes. Certes, il est rare de les voir. Mais pour les entendre, on les entend ! Leurs hurlements résonnent dès la tombée du jour, et se font toujours plus proches et plus insistants au fur et à mesure que la nuit avance. Bien sûr, chacun est protégé par les murs de sa maison, mais les hyènes demeurent un péril. Elles viennent quelquefois rôder tout près des habitations, et si vous ne dormez pas encore à ce moment-là, vous les entendez remuer dans le noir, fouiller les détritus abandonnés au fond de la cour. Le berger se demande alors s'il a bien protégé son troupeau. À la nuit tombée, retour des pâturages. Il a rassemblé ses bêtes dans un enclos, et accompli ce travail avec grand soin, car une hyène affamée est capable de surmonter sa peur et de s'approcher de l'homme. Il n'est pas rare, au matin, de tomber sur un berger qui se désespère d'avoir perdu un mouton pendant la nuit, ou sur un voisin qui s'est fait voler une poule. Souvent, les habitants préfèrent déposer des restes de repas ou des abats à l'extérieur du village, en les mettant bien en vue pour que les hyènes les mangent. On est impressionné par les hurlements de ces animaux. Ils déchirent la nuit. Ils peuvent vous priver de sommeil. Les hyènes sont comme des cauchemars. Elles errent par la savane. Elles s'agitent. Elles s'emparent de nos soucis et les amplifient. Heureusement, l'aube dissipera ces angoisses. Dès le lever du soleil, le village recommence à vivre, et les hyènes s'en retournent dans leurs tanières.

Nous sommes des Africains haoussas. C'est le nom de la population indigène établie dans cette partie du Nigeria. Les gens sont de haute taille. Dans leurs veines coule encore le sang des populations *fulani*, des éleveurs nomades venus du Nord en quête de pâturages.

Chez nous, on observe les préceptes de l'islam depuis des temps immémoriaux. La foi religieuse y est partie intégrante de la vie. La prière ouvre et ferme la journée. Allah inspire nos actions.

Safiya Hussaini Tungar Tudu

Nous autres, les Haoussas, regardons nos villages et nos cases comme un don de Dieu. C'est là qu'Il veut nous voir vivre dans l'harmonie et le respect du Livre sacré. Aussi mon peuple accorde-t-il beaucoup d'importance au village. Chaque village, si petit soit-il, et si semblable aux autres, possède néanmoins sa propre histoire. Certes nos cases paraissent fragiles car elles sont construites avec la terre de la savane et rien d'autre. En réalité, elles sont solides comme le granit. Bâtir une case représente une sorte de rituel, une cérémonie destinée à remercier Allah. Tout le village se mobilise pour l'occasion. On prie à la mosquée pour que la nouvelle maison soit solide, qu'elle amène prospérité à ceux qui y vivront. On emploie, pour édifier les murs circulaires, de la terre rouge mélangée à de l'eau. Une grande quantité d'eau est donc nécessaire, et tous les enfants aident à la transporter du puits jusqu'au chantier. Le mortier, ensuite, est pressé dans un bâti de bois tenu par une robuste corde de fibre végétale. C'est le bâti qui garantira la solidité des murs. Au sommet de la partie couverte de la case, on dispose un toit fait de grandes feuilles de bananier tressées, et sur lesquelles sont disposées des couches d'herbe que le soleil se chargera de sécher. On procède ensuite à la construction de la cour, un vaste espace de terre battue, nettoyé de ses pierres, entouré d'un mur qui arrive à hauteur du thorax. Dans un coin, un cercle de pierres noircies par la fumée : c'est le foyer où se fait la cuisine. Elle est protégée du soleil par une véranda. Les poules y vivent en liberté.

Les murs des maisons ont tous exactement la même

hauteur, de sorte que l'agglomération, vue de l'extérieur, a l'air d'être protégée par une enceinte. Mais nos villages, en réalité, n'ont nul besoin de se protéger, car les habitants de la savane sont des gens pacifiques et leurs cases ouvertes aux voyageurs de passage.

J'ai connu au village une enfance heureuse et sans ombres. Quand j'y repense, j'éprouve encore une pointe de nostalgie, tant mes souvenirs sont demeurés vivaces et émouvants. Vraiment, il me semble parfois être toujours la petite Safiya si obéissante, si disciplinée et si curieuse en même temps.

Devant chez nous, il y avait un puits. Or le puits, pour les villageois, est toujours au cœur de la vie communautaire. C'est là que se retrouvent les femmes. Elles puisent l'eau nécessaire pour la journée. Elles en profitent pour bavarder. Elles échangent des informations et toutes sortes de nouvelles à même de piquer la curiosité. Petite fille, j'aimais beaucoup rester au puits et écouter ce qui s'y disait. Lorsqu'une femme s'en allait sans avoir fini de raconter son histoire, je revenais le lendemain pour entendre la suite, quitte à patienter des heures en faisant semblant de jouer.

Notre famille était très unie. Mon père, Mallam Hussaini, et ma mère Maliya, avaient cinq enfants. Je venais après mes grandes sœurs Hadiza et Halimatu, avant la petite Safaratu. Le benjamin était un garçon ; il se prénommait Mohammadu.

Safiya Hussaini Tungar Tudu

Mon père était une référence au village. Il exerçait le métier de coiffeur. Toute petite, déjà, j'aimais le regarder travailler à l'ombre du manguier le plus majestueux. Dans cette région, c'est une profession importante qui se transmet d'une génération à l'autre, et celui qui l'exerce passe pour un sage. Sous le manguier, les clients de mon père en venaient toujours à s'ouvrir de toutes sortes de problèmes et de difficultés familiales. Lui écoutait. Il méditait la question. Et il répondait par des conseils inspirés du bon sens, mais aussi des principes musulmans. Pour cet homme qui avait été élève, puis professeur à l'école islamique locale, la foi faisait partie intégrante de la vie, et il n'a pas manqué de me la transmettre.

Dans nos villages, le coiffeur était souvent chargé de pratiquer la circoncision, rite que chacun observait. Mon père passait pour un « circonciseur » particulièrement adroit. Quand j'étais petite et que personne ne s'occupait de moi, il m'arrivait de l'épier pendant ce rituel. Il commençait par allonger l'enfant au fond d'un trou creusé dans la terre. Puis, à l'aide d'un rasoir bien aiguisé, il lui coupait le prépuce. Enfin il caressait tendrement la tête de l'enfant en pleurs, jusqu'à ce que ses parents le reprennent. Quand les larmes cessaient, toute la famille remerciait mon père, et quelquefois même, on lui offrait des cadeaux.

Ma mère, Maliya, était une femme taciturne, fort douce et réservée, capable de vous insuffler une grande sérénité. Je ne me rappelle pas l'avoir entendue élever la voix. Avec elle aussi, les problèmes les plus épineux semblaient toujours pouvoir être surmontés. Je l'adorais. J'admirais son visage aux traits marqués, mais pleins de bonté. Combien de fois ne me suis-je pas surprise à imiter sa démarche ! Elle allait d'un pas vif, mais sans jamais s'essouffler. Elle me fascinait quand elle s'affairait dans la maison ou tressait les nattes, activité à laquelle s'adonnent les femmes de notre pays pour gagner un peu d'argent. Je lui trouvais beaucoup de talent pour le choix des couleurs, et toute natte tressée par elle devenait un chef-d'œuvre à mes yeux.

Maman savait combien je l'aimais, et combien je recherchais son affection. Pourtant elle s'efforçait toujours de se montrer impartiale. Pour rien au monde, elle n'aurait voulu blesser mes sœurs ou mon frère. Dès que j'essayais d'attirer son attention, elle me demandait de m'occuper de ma petite sœur Safaratu. C'était sa façon de m'apprendre cette règle : dans une famille telle que la nôtre, chacun a les mêmes droits, et aussi des devoirs précis. C'est ainsi que j'ai dû plus d'une fois porter ma sœur sur mon dos, comme ma mère l'avait fait pour moi.

Hadiza et Halimatu étaient déjà de grandes filles, à cette époque, et je jouais rarement avec elles. Leurs devoirs étaient déjà ceux des adultes. Elles nous regardaient, Safaratu et moi-même, comme de petites sœurs espiègles dont elles avaient intérêt à surveiller les bêtises. Toutes deux se sont mariées avant mon adolescence.

En plus de Safaratu, je devais souvent m'occuper de notre jeune frère, le plus petit, Mohammadu. Maman me laissait la pleine et entière responsabilité de veiller sur lui : le consoler quand il pleurait, le nourrir, jouer avec lui et éviter qu'il fasse des caprices. J'essayais alors d'imiter maman. Je m'efforçais d'être tendre. Je lui chantais des berceuses. Je le dorlotais. Et j'étais très fière du résultat quand je parvenais à le calmer en l'attachant sur mon dos. En grandissant, Mohammadu devint un garçon plein de vie et fort turbulent. Dans notre société, les garçons jouissent d'une liberté totale. Ils n'ont aucune obligation d'aucune sorte. J'ai beaucoup envié à Mohammadu ce privilège, surtout quand je voyais qu'il avait la permission de s'exprimer, chose qui nous était absolument interdite, à nous autres femmes.

Enfant, Mohammadu possédait déjà cette personnalité impulsive, volubile, influençable et colérique qui devait le définir à l'âge adulte, et peser sur ma propre existence d'un poids si tragique.

Mais la figure-clé de mon enfance, ce fut en définitive ma grand-mère maternelle, Maria. C'était une femme dotée d'une forte personnalité, et on tenait sa sagesse en si haute estime que l'on ne prenait aucune décision sans la consulter. Bien entendu, cela se faisait d'une façon aussi officieuse que possible, car les femmes jouent chez nous un rôle de second plan, et doivent toujours avoir l'air de montrer le plus grand respect envers la gent masculine. D'un autre côté, agir sans avoir interrogé la grand-mère était inimaginable. Est-ce la raison pour laquelle elle me fascinait autant ? Peut-être. En tout cas, je voyais en elle un modèle, un exemple à suivre d'affirmation de soi-même. Et puis j'étais extrêmement curieuse. Je voulais tout savoir. Aussi ma grand-mère avait-elle un faible pour moi.

Moi, Safiya, j'ai échappé à la lapidation

Quand elle venait nous trouver, je ne manquais jamais de la raccompagner chez elle et de l'aider dans ses travaux domestiques, afin qu'elle ait tout le loisir de tisser des tapis et des nattes. Traverser le village en sa compagnie m'emplissait de fierté. Je m'obligeais à respecter son pas. Dès qu'elle m'adressait la parole, je jetais des coups d'œil alentour pour m'assurer que l'on me voyait discuter avec elle, telle une adulte. Dans sa maison, je m'efforçais de faire le ménage le mieux et le plus vite possible, afin de gagner sa précieuse approbation. Après avoir fini, bien souvent, je ne rentrais pas chez moi tout de suite. Je faisais un détour par l'école islamique où l'un de ses fils enseignait. C'était elle qui me suggérait d'y passer, même si j'étais trop petite encore pour comprendre la moindre leçon. En tout cas, cela ne faisait que me rendre plus fière encore. Si la grand-mère me donnait ce conseil, n'était-ce pas qu'elle me jugeait très mûre pour mon âge ?

Sa mort fut le premier événement douloureux de ma vie. J'étais petite encore, mais j'en souffris énormément. Que cette femme extraordinaire puisse ne plus exister me semblait inconcevable. J'étais furieuse contre Dieu. Comment avait-Il pu permettre une telle chose ? C'est mon père qui m'aida à surmonter cette épreuve. Sensible comme il était, il avait perçu mon chagrin. Un jour, il m'a appelée auprès de lui et, doucement, m'a expliqué que la mort est un fait inéluctable, un passage, le moment où la vie se transporte vers Allah. Tout en parlant, je me souviens, il me caressait la tête. Je me rappelle aussi le contact de ses mains si tendres, si douces...

Safiya Hussaini Tungar Tudu

Je n'ai oublié aucun mot. J'ai même gardé en mémoire les intonations paisibles de sa voix. C'était la première fois que mon père me manifestait son amour – cet amour inconditionnel qui ne m'a jamais plus quittée, même lorsque tout semblait perdu.

2

L'école, enfin

Je rêvais d'aller à l'école. L'instruction représentait pour moi une évolution, un saut en avant dans le parcours de ma vie. En un sens, aller à l'école voulait dire que je comptais, moi aussi. Ma grand-mère m'avait bien encouragée à m'y rendre, mais pendant longtemps je n'étais présente au cours qu'occasionnellement. Je me tenais à l'écart, et j'observais les enfants réunis autour du *mallam* – le maître – sous les branches d'un grand arbre. Je les voyais recopier sur leurs tablettes des versets du Coran. Cette tablette était une sorte de symbole ; elle indiquait qu'ils se préparaient à devenir de bons fidèles. Je les écoutais réciter leurs versets. La leçon finie, ils s'égayaient en poussant des cris de joie, la tablette serrée contre la poitrine ; et moi je rentrais seule à la maison, en me demandant quand viendrait le jour où je pourrais faire comme eux.

Mon père aussi enseignait à l'école islamique. Il s'offrit un jour de m'apprendre dans le Coran les premiers rudiments de la lecture et de l'écriture. Ce fut un nouveau petit progrès, une source d'orgueil supplémentaire. Mais ce n'était pas encore comme aller à l'école.

Mon heure finit par venir. Elle arriva même sans préavis. J'avais sept ans. Un matin, au réveil, ma mère me demanda de me dépêcher : mon père souhaitait me parler. J'eus d'abord un peu peur. Mon père avait-il l'intention de me disputer pour quelque bêtise que j'aurais faite la veille, ou parce que je m'étais mal conduite ? Mais j'avais beau réfléchir, je ne voyais pas de quoi il pouvait s'agir. Toutefois, cela ne suffisait pas à me tranquilliser. J'allai voir mon père dans la chambre qu'il réservait à la prière et à l'étude, une pièce étroite, séparée de la case, et donnant sur la cour. Quand je fus devant lui, je le trouvai anxieux. Il m'attendait, assis sur sa natte blanche et verte, le buste droit, la robe couvrant ses jambes croisées ; et cette position me laissait à chaque fois stupéfaite, car il me semblait impossible de la garder longtemps en conservant une immobilité absolue. Mon père avait fini de prier, et terminé sa lecture quotidienne du Coran. Le Livre sacré reposait auprès de lui, encore ouvert. D'un geste, mon père m'invita à m'asseoir. Puis il me sourit.

J'étais soulagée. Il n'avait manifestement aucune intention de me gronder.

— Safiya, tu as sept ans, dit-il. Le moment est venu de te préparer à connaître l'islam. L'islam qui nous apporte la paix et le bonheur. Qui nous aide à vivre en ce monde.

Je songeai qu'il voulait peut-être accélérer le rythme de mes leçons, mais ce n'était pas cela.

— Il n'est pas bon, poursuivait-il, que je sois ton seul maître. Il faut que l'on t'enseigne aussi la discipline de l'étude. Tu dois apprendre à fournir un effort régulier, vivre et étudier avec les enfants de ton âge. Les leçons que tu as suivies avec moi, c'est un privilège qu'Allah a tenu à t'offrir. D'ici peu, tu vas devoir te débrouiller seule et ne compter que sur toi. Dans quelques jours, tu commenceras à fréquenter l'école islamique, avec pour professeur le mallam Shehu.

La nouvelle me coupa le souffle. Enfin ! Enfin j'allais pouvoir arborer moi aussi, dans le village, ma tablette de bois couverte d'inscriptions issues du Livre sacré. Je serai bientôt digne d'approcher à mon tour la vérité religieuse ! Moi aussi, moi aussi...

Sans doute étais-je transfigurée par la joie car mon père se hâta de me mettre en garde :

— Attention, Safiya... Ne t'imagine pas qu'étudier avec méthode est chose facile. C'est fatigant. Et il faut beaucoup de volonté si l'on veut faire des progrès.

La volonté, murmurai-je, je l'avais. Pour toute réponse, mon père me donna de l'argent.

— Va t'acheter un fouet, dit-il. Tu le prendras avec toi pour ton premier jour d'école.

Voyant ma surprise, il ajouta :

— Tu comprendras.

Sur quoi, il me donna congé.

Je sortis de la case en courant. Je rayonnais. Il devait encore y avoir autour du puits quelques femmes occupées à faire des provisions d'eau. J'avais envie de leur crier la merveilleuse nouvelle ! De fait, elle fit rapidement le tour du village. Déjà mon imagination m'offrait de nouveaux amis. Je me voyais assise sous cet arbre hier encore inaccessible. Je lisais. J'écrivais. Et le mallam, de sa voix paisible, me complimentait devant les autres élèves pour ma vivacité d'esprit. Transportée par l'euphorie, j'en venais à entendre effectivement le maître, quand il me demandait d'aider un camarade resté en arrière.

Au puits, je cherchai ma maman. Je voulais lui faire part de la grande nouvelle. Mais je vis qu'elle savait déjà tout. Elle souriait. Elle était heureuse pour moi. Cependant, elle ne renonça pas à son habitude de modérer mon enthousiasme – même ce jour-là. Elle me demanda de m'occuper de Mohammadu, et tandis que j'étais avec lui, je frémissais. Si seulement la grand-mère pouvait venir nous voir ! Quelle fierté serait la mienne, de traverser le village avec elle, de l'entendre annoncer à ses connaissances que j'irais bientôt à l'école ! Je finis par adresser une prière à Allah pour qu'Il nous envoie la grand-mère. Mais la grand-mère ne vint pas. Déçue, je passai toute la journée à veiller sur Mohammadu, lequel se montra encore plus agité que d'habitude. Il me fallait sans cesse lui courir après, éviter qu'il ne se fasse mal, lui donner à manger, le calmer, le surveiller... Adieu l'école !

La lumière. Le chant des oiseaux. Le jour était levé. Et quel jour ! Le jour le plus attendu. Mon premier jour d'école !

Je m'aperçus que je m'étais réveillée plus tôt que d'habitude. Je restai étendue sur ma natte, les yeux grands ouverts, retenant mal mon impatience et mon émotion. Bientôt, des bruits étouffés me parvinrent : dans la cour, les poules gloussaient, grattaient le sol et battaient des ailes. Maman, comme toujours, était déjà à l'ouvrage. Elle s'affairait en prenant garde de ne pas nous réveiller. Mais je n'y tenais plus. Je me levai et la rejoignis. Je m'attendais à être accueillie par un mot spécial, un geste qui sorte de l'ordinaire et marque ce jour particulier. Il n'en fut rien. Maman me dit simplement :

– Va chercher de l'eau au puits, Safiya. Pendant ce temps, je préparerai ta robe neuve et ton voile pour ton premier jour d'école.

Sa réaction me stupéfia. Avec un geste de colère, je chargeai les outres sur mes épaules. Alors c'est tout ! pensai-je. Va chercher de l'eau. Un jour pareil, maman m'envoyait vaquer aux travaux ordinaires ! Est-ce qu'il n'aurait pas été plus juste de me laisser me préparer tranquillement ? Il m'a fallu du temps pour comprendre le sens de son attitude. Elle m'adressait ainsi un message parfaitement clair : le fait d'aller à l'école ne signifiait pas que j'étais dispensée des obligations imparties aux femmes dans notre société. L'école représentait un surcroît de travail, rien d'autre.

Au puits, quelques mères attendaient leur tour en file indienne. Elles avaient détaché de leur dos les petits qui jouaient à terre. Les premiers rayons du soleil coloraient le village enveloppé d'une brume chaude et ocre. Les femmes, dans la queue, semblaient de hauts personnages dessinés sur le ciel d'un bleu intense, dont l'uniformité était rompue çà et là par des nuages blancs et soyeux. Comme à l'accoutumée, les bavardages allaient bon train. Mais je n'avais pas envie de les écouter. J'étais trop accaparée par la perspective d'aller à l'école. À un moment, j'entendis l'une d'elles m'adresser la parole. C'était Fatima, une voisine qui venait souvent voir maman. Et elle me disait ce que j'aurais tellement voulu entendre de la part de tout le monde :

– Tu es grande, maintenant, Safiya ! Courage !

J'étais si angoissée que c'est à peine si j'arrivai à la regarder et lui adresser un signe de tête.

Pendant cette attente, je m'impatientai. Ça n'avançait pas ! Quand viendrait mon tour ? Il fallait que j'aille à l'école, moi ! Maman devait certainement avoir déjà préparé ma robe – cette robe que je mourais d'envie de voir et d'enfiler... Je réfléchis au matériel avec lequel j'allais me présenter devant le mallam Shehu. Tout était prêt. Tout était en ordre... Non ! Mon cœur se mit à battre plus fort. J'avais oublié le fouet ! Papa m'avait donné l'argent et je ne l'avais pas acheté. Il m'avait bien recommandé pourtant de l'emmener avec moi. La chose m'était complètement sortie de la tête. Je ne pouvais pas commencer l'école sur une pareille fausse note, sans avoir accompli le tout premier devoir qui m'était assigné ! L'espace d'un instant, je me demandai si je n'allais pas céder ma place dans la queue, rentrer chez moi et réclamer de l'aide à maman. Pourtant, je renonçai vite à cette idée. Se présenter à l'école sans fouet me contrarierait beaucoup, mais s'il n'y avait pas d'eau à la maison, c'est toute la famille qui risquait d'avoir un problème, et plus grave encore. Aussi préférai-je attendre mon tour. Le temps passa si lentement que je crus mourir d'impatience. Non seulement j'allais me présenter à l'école sans mon fouet, mais en plus avec du retard ! Enfin c'était à moi. Je remplis mes outres, et rentrai à la maison aussi vite que possible. Le cœur au bord des lèvres, je jetai un coup d'œil dans la chambre de mon père, que je vis encore absorbé dans la lecture du Coran.

Moi, Safiya, j'ai échappé à la lapidation

Maman était en train de préparer la farine de mil et le lait du petit déjeuner. Angoissée, je lui expliquai le drame : mon père ne devait surtout pas découvrir cet impardonnable oubli. Une fois de plus, maman réagit avec calme et réussit à m'apaiser.

— Tu as encore le temps d'aller au marché acheter un fouet, me dit-elle tranquillement. Ta robe est prête. Et ton père n'a pas fini de prier. Allez, cours ! Ou tu vas devoir sauter ton petit déjeuner !

Je me précipitai dehors et courus à perdre haleine jusqu'au *rasuwa* – c'est ainsi que nous appelons le marché. Je fis l'acquisition d'un petit fouet en peau de vache. Et, toujours en courant, je revins à la maison. Maman m'attendait. Quant à mon père, il sortit de sa chambre à l'instant même. Haletante, pétrie d'angoisse, je le saluai. J'ajoutai que j'étais prête. Il ne me restait plus qu'à m'habiller. Mon père avait toujours une mine taciturne au sortir de sa prière. Il me répondit d'un signe de tête. Avec excitation, je suivis maman. Elle avait préparé pour moi une robe bleu foncé avec des fleurs. Je notai tout de suite que l'étoffe en était beaucoup riche que tout ce que j'avais vu jusqu'alors. Le voile était du même tissu, avec le même motif de fleurs. Maman m'apprit à le nouer, tout en m'expliquant qu'à mon âge, il suffisait qu'il me couvre la tête à moitié. Les pointes pouvaient retomber et couvrir la partie des épaules laissées nues par la robe. Maman me recommanda de porter le voile avec naturel, mais en veillant à ce qu'il remplisse sa fonction. Ce fut un grand moment d'intimité. Maman s'exprimait d'une voix douce. Doux aussi étaient ses gestes, tandis qu'elle arrangeait mon voile. J'eus le sentiment, pour la première fois, de traverser une sorte d'initiation aux mystères féminins. Je vécus cet instant comme un rite de passage. J'entrais dans une phase nouvelle de mon existence. L'occasion allait m'être offerte de montrer mes capacités. Je me sentais grande. Je me sentais adulte...

J'étais prête. Maman m'accompagna auprès de mon père qui m'attendait. Sa haute silhouette enveloppée dans un boubou bleu se découpait sur l'azur du ciel, dont il semblait être un élément majestueux, et contrastait avec ses cheveux noirs et sa longue barbe, caractéristique de ces fidèles appelés *musulunci*. Je restai quelques instants à le regarder fixement. J'étais stupéfaite, je me sentais en présence d'un être familier mais inatteignable. Mon père ne prononça pas un mot. Il se contenta de m'adresser un regard sévère. L'heure était grave, nous le savions tous les deux. Je lui tendis le petit fouet. Il ne restait plus qu'à nous mettre en route. Je marchais d'un pas souple et régulier, en me tenant bien droite derrière mon père, comme l'exige la tradition quand une femme paraît en public avec un homme.

À mon arrivée, une bonne moitié de mes camarades étaient déjà installés sous l'arbre. Chacun avait reçu sa tablette de bois ; tous se tenaient parfaitement tranquilles. Le mallam Shehu, debout, attendait l'arrivée des derniers garçons et filles. Mon père alla le saluer. Je restai discrètement en arrière. Ils parlèrent durant quelques minutes. À la fin, mon père se tourna vers moi et m'invita à les rejoindre. Je m'exécutai. Je baissais la tête en signe de respect, mais aussi par timidité.

– Voici ma petite Safiya, dit mon père. Aujourd'hui, elle est pleine d'enthousiasme à l'idée de commencer l'école. Mais elle est jeune. Elle ne peut encore comprendre qu'être un bon fidèle exige des devoirs et des sacrifices. Si elle se conduit mal, si elle n'étudie pas bien, aidez-vous de ceci.

Et il remit le fouet au mallam. Il ne m'en avait pas expliqué l'usage, estimant que ce n'était pas nécessaire, et que j'avais, disons... fort bien compris.

Après le départ de mon père, Shehu me pria d'aller m'asseoir avec les autres. Cela faisait maintenant des jours et des jours que je m'interrogeais sur mes futurs camarades, mais l'émotion que je ressentais depuis mon arrivée m'avait empêchée de les observer. Or une agréable surprise m'attendait : il y avait parmi eux une autre Safiya. Nous avions déjà joué ensemble près du puits. Elle m'inspirait de la sympathie, j'allai donc m'asseoir à côté d'elle. Nous avons échangé un regard. Puis nous avons attendu sagement, comme les autres. D'autres enfants arrivaient. Enfin la classe fut complète. Le mallam se plaça devant nous, près de l'arbre. Un tableau gris appuyé sur le tronc portait encore des traces de la leçon de la veille.

Le maître avait dans les soixante ans. Il était très respecté au village comme dans toute la région, et avait la réputation d'être un professeur fort exigeant. Il parlait doucement, d'une voix au timbre chaud. Les enfants l'écoutaient religieusement. Il commença par nous donner des conseils qui nous permettraient de tirer le meilleur parti de ses leçons. Il nous apprit ensuite à nous servir de notre tablette. Il nous remit enfin un petit encrier en peau contenant un mélange de charbon et de gomme arabique, dans lequel nous devions plonger un bâton effilé qui servait de calame.

Quand vint mon tour de recevoir ma tablette, j'exultais intérieurement. Enfin, j'en avais une, moi aussi !

Au fil des jours, Safiya devint mon amie de cœur. Nous partagions l'étude et les jeux. Quand c'était possible, nous faisions ensemble les besognes domestiques qui nous incombaient. Comme au temps où nous étions petites, nous nous rencontrions encore souvent près du puits, mais j'avais désormais Mohammadu dans le dos, et Safiya portait une de ses petites sœurs.

Parfois deux autres fillettes se joignaient à nous : Rabi et Audi. Mais le lien qui m'unissait à elles ne fut jamais aussi fort que mon amitié avec Safiya. J'ai toujours pensé que nous ne portions pas le même prénom par hasard. Comme moi, Safiya apprenait vite à l'école ; et il nous arrivait de nous vanter d'être de celles dont le mallam pouvait être fier.

Nous nous retrouvions sous l'arbre deux fois par jour. Le matin, quand le soleil n'était pas encore brûlant et qu'il était plus facile de se concentrer, le mallam nous enseignait les concepts et les principes contenus dans le Livre sacré : il les prononçait clairement et nous les faisait recopier sur nos tablettes. À la fin de l'après-midi, peu avant le coucher du soleil, il s'assurait que nous les avions retenus, et que nous étions capables de réciter les versets correspondants.

Presque toujours, la leçon se prolongeait jusqu'à la tombée de la nuit. Alors le mallam Shehu allumait un grand feu autour duquel nous étions invités à nous asseoir. Jamais je n'oublierai ces moments – l'odeur du bois brûlé, la chaleur des flammes, le rougeoiement des visages, l'obscurité autour de nous, les appels des bêtes sauvages dans la savane, les hurlements des hyènes, de plus en plus nombreux à mesure que la nuit avançait. Ces bruits nous parvenaient d'un monde lointain, parallèle au nôtre, et suffisamment grand pour le contenir. Tout près de nous, dans l'ombre, résonnait la voix profonde du mallam Shehu qui nous encourageait ou nous réprimandait.

J'étais heureuse, alors. Vraiment heureuse. Pleine d'espérance. L'école me donnait des forces. Elle me poussait à grandir et à m'améliorer. J'étais persuadée qu'une vie harmonieuse naîtrait forcément de ces jours paisibles. Je ne pouvais savoir que mon enfance, en s'en allant, emporterait avec elle le bonheur. La petite Safiya céderait bientôt la place à une femme. Or je n'apprendrais que trop vite ce que signifiait être une femme au Sokoto. Et dans la douleur.

3

Je ne veux pas me marier !

Je me suis mariée pour la première fois à l'âge de treize ans, avant même ma première menstruation. Non seulement je n'avais jamais imaginé que je me marierais aussi jeune, mais la simple idée d'avoir un mari m'était encore étrangère. Certes, je savais que c'était là un passage inévitable. Une femme qui atteignait un certain âge sans avoir convolé devenait un souci pour sa famille. Un jour viendrait où ce serait mon tour d'avoir un époux et des enfants, mais cette perspective me semblait fort lointaine... Ce qui comptait le plus, dans ma vie présente, c'était l'école islamique. J'avais la passion d'étudier, et j'obtenais d'excellents résultats. Ensuite venaient les longues heures au cours desquelles je devais aider maman à la maison, ou m'occuper des petits, Safaratu et Mohammadu. Enfin il y avait mon amie Safiya – nos bavardages, nos jeux près du puits, nos rêves. Seule ou avec elle, c'étaient les mêmes questions qui revenaient toujours. Qui étions-nous ? Que nous réservait l'avenir ? C'est dans ces moments-là, et dans ces moments-là seulement, que je me souciais du mariage – quand je m'imaginais adulte, épouse et mère, responsable de mon foyer, pareilles aux femmes du village.

Cette réalité ne faisait qu'accompagner mon existence. Un jour, pourtant, il fallut l'affronter.

C'était un matin. J'aidais ma mère à la maison, tout en surveillant Mohammadu qui cherchait visiblement à s'échapper du jardin.

À un moment, je rencontrai le regard de maman qui m'observait d'une étrange façon, avec une tendresse insolite. Surprise, je lui souris. Elle se détourna. Je poursuivis ma besogne, tout en lançant de temps un temps un coup d'œil dans sa direction. Je ne m'étais pas trompée. Elle interrompait bien son travail afin de me considérer bizarrement, comme si elle me voyait pour la première fois. Elle regardait aussi du côté de la cour et de la chambre de mon père, lequel était absorbé dans ses prières, comme chaque matin.

Que se passe-t-il ? Mais je ne posai aucune question. On ne m'aurait pas répondu, de toute façon. Néanmoins, tout cela semblait si inhabituel !

– Safiya ! Viens !

Mon père m'appelait. Voilà qui n'était pas moins étrange. J'hésitai à me diriger vers sa chambre de prière. Pourtant oui : il m'avait bien appelée.

– Je dois te parler. Viens.

Je m'approchai. Il avait déjà repris, sur la natte, sa position coutumière. J'attendis. Je revoyais le jour où il m'avait annoncé que j'allais entrer à l'école islamique. Qu'avait-il à me dire, aujourd'hui, de si important ? Je gardai les yeux baissés et je me tus, comme il convient à une fille respectueuse. Soudain, sa main se posa sur ma tête. Mon père me donnait une caresse... Étonnée, je levai les yeux et cherchai sur ses traits la raison de son geste. Qu'était-ce donc ? Mais comme toujours, je rencontrai une expression impénétrable. Peut-être un peu plus tendre, toutefois. Il me sourit, me caressa de nouveau la tête et le visage, et s'exclama enfin :

– Tu es une bonne fille, Safiya ! Allah, un jour, te mettra à l'épreuve de la vie. J'espère t'avoir donné l'éducation à même de t'aider.

Je continuai de fixer les yeux sur lui. Je voyais bien qu'il n'avait pas fini. Pourtant le temps passait, et mon père n'ajoutait rien de plus. C'est avec un sentiment de grande perplexité que je quittai la chambre de prière. Quelle signification donner à ce que je venais d'entendre ? Avais-je accompli quelque chose d'exceptionnel sans même m'en rendre compte ?

Maman m'attendait. Elle avait toujours ce même regard si doux. De nouveau elle me sourit. Comment était-ce possible ? J'avais passé ma vie à mendier de sa part un regard, un sourire ! Ce sourire « en plus » qu'elle m'avait toujours refusé de crainte de se montrer injuste envers mon frère et mes sœurs. Et voilà qu'aujourd'hui, alors que je ne le lui demandais pas... L'attitude de maman me réchauffa le cœur. Mais je n'en continuai pas moins de m'interroger sur les raisons d'un pareil événement. Tout à coup, mes parents avaient l'air de me trouver spéciale...

Je baignai toute la journée dans cette humeur à la fois exquise et intrigante. Puis vint le soir, le moment où la famille se trouve réunie. Dans le même temps le bonheur et le doute s'évanouirent, car à la fin du dîner, mon père me regarda dans les yeux, puis déclara sans autre forme de procès :

— Safiya, tu vas bientôt te marier. Tu es prête pour cela. Ton oncle Ibrahim a trouvé un homme qui veut de toi. Je considère que c'est le mari qu'il te faut. Ce sera une bonne union.

Avais-je bien entendu ? La voix posée était bien celle de mon père, mais ce soir, elle me transperçait le cœur comme une lame. Je mis les mains sur ma poitrine, comme pour me protéger. Non ! Mon père ne pouvait avoir prononcé cette phrase... Maman baissait la tête et feignait de surveiller Safaratu qui jouait dans un coin. En fait, elle écoutait. Et elle se taisait, restait sans réagir comme chaque fois que mon père annonçait une décision. Mais ce soir, je refusais pareille attitude, maman devait prendre la parole et dire qu'elle n'était pas d'accord ! J'attendis. Maman continua de se taire. Mon père reprit :

— Ton futur mari s'appelle Yussuf. C'est un parent de ton oncle Ibrahim. Donc un lointain parent à nous. Il a les moyens de t'apporter une jolie dot. Il est travailleur. Il t'assurera une existence aisée. Il faut remercier Allah de nous avoir offert cette chance, à notre famille et à toi.

La peur me paralysait. Mon univers s'écroulait.

Tout allait changer. Tout deviendrait pire... Il me faudrait quitter ma famille, ma maison et jusqu'à l'école tant aimée. Tout cela pour me donner à un inconnu. Pour le servir et le seconder dans tous ses désirs... Qui était-il, ce méchant Yussuf qui entrait ainsi dans ma vie pour la détruire ?

Non ! Je ne veux pas ! L'envie de crier gonflait en moi. La révolte me montait aux lèvres, et je savais que je ne pouvais rien faire. S'il fallait que je me marie, c'était parce qu'on me considérait désormais comme une jeune femme ; or il n'était en aucun cas permis à une jeune femme de s'opposer à la volonté de son père.

Anxieuse, je gardais la tête basse. Je me tins immobile. Je voulais que mon père s'en aille. Qu'il sorte. Ainsi je pourrais parler avec maman et implorer son aide... Et mon père s'en alla. Sans ajouter un mot, sans prononcer une seule parole d'encouragement. Après m'avoir assené cette nouvelle...

Dès que nous fûmes seules, je me tournai vers maman et criai ma révolte, tandis que les larmes me sillonnaient les joues.

– Je ne veux pas me marier, maman ! Je ne veux pas. Je ne me sens pas prête. Je veux rester avec vous. Mon amie Safiya ne se marie pas, elle ! Alors pourquoi moi ? Pourquoi ?

Maman, sans doute, allait reconnaître que j'avais raison, que c'était injuste. Elle accepterait de parler avec mon père. Elle le persuaderait de revenir sur son engagement... Voilà qu'elle s'approchait de moi... Je fus envahie d'espoir. Elle allait me tirer d'affaire. J'en étais certaine...

Maman me prit dans ses bras. Elle me caressa la tête, mais elle ne dit rien. Le mariage était décidé, il aurait lieu. Contre ma volonté si nécessaire. Ils m'avaient vendue à un homme que je ne connaissais pas.

Moi, Safiya, j'ai échappé à la lapidation

Pour me demander en mariage, Yussuf devait sûrement m'avoir déjà vue. Mais moi, je ne savais rien de lui ! Je passai des jours et des nuits à me demander comment il était fait, si c'était un homme bon ou cruel... Bientôt il viendrait chez nous discuter avec mon père les moindres détails du contrat nuptial. Et si je m'enfuyais avant sa venue ?

Impossible, Safiya. Cesse de te bercer de songes inutiles... Je pleurais. Je souffrais. Jamais je ne m'étais sentie à ce point malheureuse.

Et Yussuf parut. Il se présenta un matin. Je n'étais pas au courant de sa visite, mais maman avait préparé, en plus de l'ordinaire, une grande quantité de farine de mil, de la viande de chèvre et du lait, ingrédients destinés à l'une de nos meilleures recettes, le *fura da nuno*.

– Va le servir, Safiya, m'ordonna-t-elle en me présentant un plateau.

Je pénétrai dans la chambre de mon père, où ils s'entretenaient tous les deux.

Yussuf avait presque cinquante ans. Il avait les cheveux gris et une barbe de la même couleur. Il portait un boubou bleu brodé d'or. Il m'ignora complètement. Il se laissa servir et je fus congédiée comme une domestique. L'usage voulait qu'il en fût ainsi. En public, il est interdit à l'homme musulman de prêter attention à une femme, même à la sienne – ou à sa future épouse.

Je sortis de la chambre bouleversée. Yussuf était vieux. Il était laid. Il me déplaisait. Il ne pouvait devenir mon mari ! Je tournai les yeux vers la cour. La maison, la rue, le village, la savane. Un infini de terre rouge. Un soleil qui dessèche la peau. Une chaleur meurtrière. La soif. Les fauves affamés aux aguets. Je me mis à trembler. Je n'étais qu'une enfant. Je ne savais où aller. Fuir était impossible...

Alors j'observai Yussuf de l'extérieur. Finalement, il n'était peut-être pas si vieux. Ni vraiment laid... Si je devais être sa femme, autant lui trouver quelque avantage... Sans en avoir conscience, je franchissais déjà le premier pas vers la résignation.

Passèrent les jours. J'avais changé. Je ne me rebellais plus à l'idée d'épouser Yussuf. Mais toutes les nuits, je faisais des cauchemars, et le jour, je pleurais dans mon coin. Mon angoisse avait désormais un visage. Et un nom. Elle portait une barbe grise et un boubou bleu. Elle s'appelait Yussuf. Cet homme que je jugeais définitivement trop vieux. Qui me déplaisait. Et qui n'en deviendrait pas moins mon mari. Même si je m'étais faite à cette idée, je souffrais sans cesse. Comme jamais encore je n'avais souffert.

La date fixée pour le mariage arriva trop vite. C'était un vendredi, jour de fête et de prière chez les musulmans. Oncles et tantes se pressèrent de bonne heure dans la cour. Ils avaient hâte de me voir. Ce matin-là, pour la première fois de ma vie, ma mère ne m'avait pas préparé ces vêtements aux couleurs typiques de chez nous. Ma robe était grise. S'y ajoutait un grand voile blanc cousu autour du visage, comme le voulait la tradition. Cette toilette était une façon de signifier tacitement à Yussuf que mon corps n'appartenait désormais qu'à lui seul, dans l'intimité de la vie domestique ;

c'était ma promesse de ne jamais essayer de séduire d'autres hommes.

Quand je sortis dans la cour, les femmes vinrent m'accueillir en me donnant le triple baiser coutumier. Les hommes, eux, me glissaient des vœux à l'oreille.

Le cortège nuptial fut composé selon l'usage : mon père en tête avec moi, et derrière nous les membres de la famille. Nous nous sommes dirigés lentement vers la mosquée où attendaient Yussuf, sa famille et l'imam qui devait sanctionner notre union devant Dieu. Tout au long du parcours, les villageois interrompaient leur besogne pour nous saluer. J'étais au centre de toutes les attentions. Je marchais tête basse. J'étais triste comme jamais, oppressée par mes souvenirs. Combien de fois avais-je empruntée cette rue poussiéreuse, jouant et riant avec Safiya ? Nous étions heureuses, alors... Et soudain je l'aperçus : Safiya. Cette image est le souvenir le plus déchirant qui me reste de ma triste matinée. Mon amie se tenait à l'endroit précis où nous nous arrêtions si volontiers pour bavarder ensemble, sous un acacia aux branches basses particulièrement feuillues. Elle m'adressa un salut de la main, et son geste me fit prendre conscience du pas que j'étais en train de franchir – l'adieu à l'enfance et au bonheur. Je pleurai en silence sur mon sort, sur mon avenir, mais aussi sur elle, Safiya, et notre séparation définitive.

C'est à la mosquée que je rencontrai pour la première fois ma belle-famille. Elle formait un groupe compact d'où se détachait Yussuf, vêtu d'une ample robe verte. Il me sembla particulièrement grand et puissant.

L'usage voulait que la rencontre des deux familles soit suivie de la séparation entre les hommes et les femmes. Les femmes se rassemblèrent à l'écart pour faire connaissance. Les hommes se pressèrent autour de mon père et de mon futur beau-père qui était, lui, véritablement un vieillard.

Mon fiancé me salua pour la première fois d'un signe de la tête ; aussitôt après, on m'entraîna vers le groupe des femmes. Toutes me complimentaient à qui mieux mieux. On me parlait. On me donnait des conseils. Mais j'étais trop intimidée pour répondre. Je transpirais, mon cœur battait la chamade : mon seul désir était que tout finisse au plus vite. L'imam parut alors à la porte de la mosquée. Il demanda à Yussuf, à moi-même et à nos pères respectifs de le suivre à l'intérieur. Il s'installa sur un siège à haut dossier dressé contre le mur du fond, près d'un beau pupitre en bois sculpté. Ce pupitre, les tapis et l'absence de meubles : voilà tout ce qui distinguait la mosquée des autres maisons. Lorsque nous fûmes assis devant lui, l'imam prit le Livre sacré et lut quelques versets du Prophète. J'étais tellement bouleversée que je ne pus saisir le sens de ce qu'il disait. Je percevais seulement sa voix dans le silence de la mosquée.

Yussuf se tenait à mes côtés, sûr de lui, plus attentionné envers son vieux père qu'envers moi, son épouse. Et je n'avais pas grand-chose à attendre de mon propre père, absorbé qu'il était dans son recueillement, comme toujours quand il priait ou pénétrait dans un lieu de prière. Une fois de plus, il me fut impossible de retenir mes larmes tant la solitude m'effrayait.

Moi, Safiya, j'ai échappé à la lapidation

Après la lecture du Livre sacré, l'imam prononça la *fathia*, la prière qui conclut la cérémonie nuptiale. Il nous donna congé. Le rituel n'avait pas duré plus de quelques minutes. J'étais désormais l'épouse de Yussuf.

Dehors, tandis que les familles exultaient, je dus souffrir de nouveaux assauts d'affection. Les femmes voulaient m'étreindre et m'embrasser. Prête à défaillir, je jetais autour de moi des regards éperdus, et scrutais la foule en quête d'un visage ami. Ma mère devina peut-être mon désir. Elle s'approcha, me prit le bras pour m'attirer contre elle et me tint embrassée longuement, tendrement, comme elle l'avait fait tant de fois pour me consoler lorsque j'étais enfant. J'aurais voulu que cette étreinte ne finisse jamais.

Quand nous nous sommes regardées, j'ai vu qu'elle aussi contenait ses larmes à grand-peine. Si seulement elle avait pleuré pour de bon ! Cela m'aurait aidée, de partager mon chagrin avec elle ! Mais ma mère n'était pas femme à céder à l'émotion. Elle se détacha silencieusement avant de s'éloigner. De nouveau, je me retrouvai seule.

4

Ma nouvelle famille

Dans la tradition musulmane, la cérémonie nuptiale est suivie d'une grande fête. En vertu des accords passés avec mon père, Yussuf l'organisa chez lui avec tout le faste nécessaire. Il invita même des personnalités en vue dans le village, ce qui n'était pas anodin puisque la qualité du banquet permet d'estimer par avance le niveau de bien-être que le mari est en mesure d'offrir à son épouse.

Hommes et femmes formèrent deux groupes distincts à l'ombre des arbres. Soucieux de respecter les préceptes du Livre sacré, Yussuf avait fait dresser une table pour les pauvres. On servit aux invités les plats les plus fins de notre cuisine, accompagnés de sauce à base de verdure comme le *mia kwuka*, préparé avec des feuilles de baobab. Outre le *suya* – les brochettes de bœuf –, on servit des ragoûts de veau, d'agneau, de chèvre et de poulet. Il y avait aussi cette sorte de polenta appelée *waina miankeshi,* des préparations au riz comme le *tuwo shinkafa,* et le *tuwo doya* qui est un plat à base d'igname et de mil.

Moi, Safiya, j'ai échappé à la lapidation

Le repas s'acheva avec du *kosei* – gâteau frit à base de farine de haricots –, servi avec du *tuwo doya* frit également, du *kulikuli* – une sorte de fougasse très friable fabriquée avec de la farine d'arachide –, et avec d'autres plats à base de *dankeri* ou pommes de terre, de *rogwo* – manioc – ou d'igname. Les invités se désaltérèrent en buvant le traditionnel *burukutu*, une boisson fermentée à base de mil.

La fête dura toute la journée. Autour de moi, les convives mangeaient, buvaient, mâchaient des feuilles de tabac justement appelées *taba*, plaisantaient et commentaient avec le plus grand sérieux l'étalage de richesses déployées par Yussuf. Mais pour ma part, je ne pouvais rien avaler. J'étais bouleversée, je me sentais égarée en ce lieu inconnu, privée de toute volonté. De temps en temps, Yussuf m'adressait un léger sourire, mais j'étais trop timide pour pouvoir lui répondre, même d'un simple signe de tête. Je me partageais entre peur et stupeur, entre nostalgie et crainte de l'avenir ; j'éprouvais en même temps quelque fierté à l'idée d'être au centre d'une fête aussi somptueuse. Tout ce que je voyais avait été voulu pour moi, rien que pour moi. Autrement dit, je n'étais plus la petite Safiya. J'étais Safiya l'épouse. Safiya la femme respectée, désirée. J'étais enfin acceptée dans le monde des adultes. Mais moi, étais-je prête à l'accepter, ce monde ? Je n'en savais rien. C'est en vain que je cherchais une réponse à cette question ; et c'est pourquoi je pleurai tout le temps que dura ma fête nuptiale.

À la tombée du soir, mes parents me ramenèrent chez nous. L'usage veut en effet que l'épouse ne parte s'installer chez son mari qu'après un certain temps.

Cet épisode fut une trêve, un répit agréable avant mon entrée dans une vie nouvelle. J'avais auprès de moi, pour quelque temps encore, des visages et des objets familiers. Je m'obligeai à savourer chaque instant, chargé d'amertume, tandis que se rapprochait l'heure de la séparation.

Au bout de deux semaines, des amis de Yussuf rendirent visite à mon père. Ils avaient reçu mission de me conduire à lui. Ma mère m'aida à m'habiller pour l'occasion. Quand je fus prête, elle m'embrassa.

– Va, me dit-elle. Ton père t'attend.

Il était dehors, avec les amis de Yussuf qui montaient des chevaux richement harnachés, nouveau symbole de la fortune de mon mari. Ils m'aidèrent à me mettre en selle. Aussitôt les chevaux partirent au petit trot. Je fis un dernier adieu à ma famille, à ma maison. Les cris d'excitation des enfants et les regards admiratifs des adultes nous accompagnèrent durant toute la traversée du village, et jusqu'à la case de Yussuf.

Ainsi commença ma vie d'épouse.

Le trajet à cheval. L'admiration des gens pour ce somptueux cortège que poursuivaient les enfants. Les couleurs éclatantes des cavaliers et des montures. Ces faveurs m'étaient destinées – comme le banquet nuptial. Tout cela pour la petite Safiya. L'enfant qui, hier encore, se chargeait dans la maison des besognes domestiques, et portait son jeune frère sur son dos. La fillette vêtue d'une robe en chiffon, qui avait le droit d'aller tête nue par les rues du village. Oui, vraiment, j'étais devenue une femme ! Et j'étais honorée comme telle. Flattée, je m'abandonnai à mon nouveau rôle comme à un jeu.

Mais ce n'était pas un jeu, je le savais. J'arriverais sous peu à la maison de Yussuf, et cette pensée eut pour effet de calmer mon excitation. J'essayais de la chasser de mon esprit, mais elle revenait toujours, creusant sa route en moi, effaçant les visions positives pour m'accabler à nouveau de doutes et de craintes. J'ignorais ce que Yussuf attendait de moi. Serais-je capable de satisfaire ses désirs ? J'étais sûre qu'il m'interdirait d'avoir des amies, courir dans la savane et poursuivre mes rêves. Je m'inquiétais surtout de l'aspect sexuel de notre relation. Ma mère ne m'avait rien expliqué. Je savais seulement qu'une bonne épouse devait tout consentir à son mari, se montrer avec lui docile et résignée. Étant la femme de Yussuf, il me faudrait dormir avec lui. Ensuite, pensai-je en toute innocence, il me viendrait des enfants. Pour moi, il suffisait de s'étendre auprès d'un homme pour tomber enceinte. Je me rendis compte brutalement que cette chose-là m'arriverait le soir même ! L'idée me terrorisa. Je regardai fixement la route devant moi. J'aurais voulu que ce voyage fût éternel. Mais j'apercevais déjà, au loin, la maison de Yussuf.

J'eus beau me dire que cette maison, à présent, était aussi la mienne, elle m'inspira une vive répulsion.

Yussuf m'attendait au seuil de sa case, souriant et sûr de lui, comme à son habitude. Il me fit visiter les lieux. Écartant un rideau, il me montra la chambre où nous dormirions. Elle comprenait un lit de bois avec un matelas. Ma famille n'avait jamais pu s'offrir un tel luxe !

J'étais prise d'angoisse. Yussuf s'employait à paraître gentil et rassurant. Je n'avais rien à lui reprocher, mais cela ne m'empêchait pas de le voir comme un ennemi, comme une menace. N'était-il pas pour moi un inconnu ? Il imprimait à ma vie un cours que je refusais de toutes mes forces sans ignorer que mon aversion ne suffirait pas à me détourner de mon destin.

Peut-être Yussuf avait-il perçu mon trouble, car à un certain moment, il sortit de la maison sans dire où il allait ni quand il serait de retour. Je me retrouvai seule. J'observai chaque chose. Je tentai de me familiariser avec le mobilier et les ustensiles. J'essayai de m'imaginer me servant de ces objets. Mais c'étaient des efforts inutiles. Je me sentais oppressée dans ces murs. Je n'étais pas à ma place. J'avais de nouveau envie de m'enfuir. De me cacher. De courir en larmes rejoindre mes parents. Pouvais-je le faire ? Bien sûr que non. Ils m'auraient reproché mon attitude. Et ils m'auraient ramenée chez Yussuf. Encore une fois, j'étais seule et abandonnée. Et personne ne pouvait le comprendre. Même Safiya n'aurait pu comprendre. D'ailleurs, penser à Safiya ne faisait que réveiller mes plus beaux souvenirs, donc augmenter ma souffrance. Où était-elle à l'heure présente ? Est-ce que je lui manquais ? Comme j'aurais voulu être auprès d'elle ! Comme j'aurais voulu bavarder avec mon amie à l'ombre de notre arbre, ou repasser nos leçons à l'école islamique...

J'étais un puits de tristesse. Et je refusais tellement ma nouvelle condition que ce refus était en train d'occuper toute la place. Je devais absolument me maîtriser. Je n'avais pas le choix.

J'écartai le rideau. Je m'étendis sur le lit où j'aurais

à dormir avec Yussuf. Mais quand je l'imaginai couché à mes côtés, l'envie de fuir me saisit de nouveau, encore plus forte, quasi irrésistible. Fuir ! Fuir le plus loin possible de cet endroit, quand bien même toute énergie m'avait quittée ! J'essayai de me calmer. Je me répétai que je souffrirais moins en me résignant. Que tout s'arrangerait avec le temps... Mais je savais que ce n'était pas vrai. Jamais les choses n'iraient mieux ! Jamais... La détresse me gagna. Je me mis à pleurer. Penser à mon mari me tourmentait. Je le sentais tout proche. Il se couchait près de moi. Il me faisait... Je ne savais même pas ce qu'il me faisait ! J'ignorais absolument ce qu'était un rapport sexuel, et j'envisageais cela comme quelque chose de menaçant, de dangereux. Même si je respectais Yussuf, je n'avais jamais observé ses mains. Comment étaient-elles ? Qu'allaient-elles me faire ? Je restai couchée sur le lit, à refouler entre deux sanglots la tentation de m'en aller avant son retour. *Tu ne peux pas t'enfuir, Safiya...* Je croyais entendre une voix me murmurer ces mots à l'oreille. Mais une autre aussitôt répondait : *Pourquoi pas ?*

Les heures s'écoulèrent lentement. Puis vint le crépuscule. Je songeai avec une pointe de regret que c'était mon moment préféré de la journée. Désormais, je ne pourrais plus admirer la tombée du soir comme je le faisais chez nous. Je restai encore un moment sur le matelas, dans la pénombre, puis je me levai subitement, prise de frayeur. *Qu'est-ce qui te prend ?* me demanda la voix. Mon époux allait rentrer d'un instant à l'autre. Il s'attendait à trouver le dîner prêt. Comment avais-je pu oublier de le préparer ? N'était-ce pas un de mes devoirs ? J'éprouvai un profond sentiment de honte. Ce fut comme si j'avais déshonoré ma propre mère et tout ce qu'elle m'avait appris. Manifestement, ma vie de femme commençait mal ! Pourtant, en dépit de l'angoisse qui m'étreignait, je demeurai immobile et indifférente. S'il fallait me résigner, alors je me résignerais à tout. Au bien comme au mal. Yussuf pouvait faire de moi ce qu'il voulait. Cela m'était égal.

Il arrivait. J'entendis ses pas dans la cour, et sa voix quand il salua un ami au passage. Aussitôt après, il était dans la maison, à quelques pas de moi. Dans ma poitrine, mon cœur cessa de battre. J'étais prisonnière. La porte de la cage se refermerait toujours. C'est alors que l'instinct de survie et la révolte eurent raison de mon apathie. En larmes, prise d'un mouvement de colère, je me levai à l'instant même où Yussuf écartait le rideau. Surpris, amusé, il essaya de m'attraper. Peut-être se méprenait-il sur mon attitude. Peut-être croyait-il que j'avais envie de jouer avec lui, de le provoquer. Ou bien il se disait tout simplement que l'heure était venue de faire valoir ses droits maritaux. Tout arriva en un instant. Dès que ses mains puissantes se refermèrent sur mon bras, la peur m'envahit. Terrifiée par la terreur, je parvins à me dégager. Je passai la porte. Et je pris la fuite.

Dehors, il faisait noir. Je n'y voyais rien. J'étais perdue. J'essayai pourtant de réfléchir. Où aller ? À qui réclamer de l'aide ? À qui demander compréhension et réconfort ? Pas à mes parents. Ils m'auraient tout de suite ramenée à Yussuf. D'ailleurs je sentais qu'ils ne pouvaient comprendre mes raisons, ce qui m'était insupportable.

Je perçus des pas derrière moi. Des pas venus de la maison. Yussuf... Il me suivait. Il voulait me reprendre. Je cherchai une rue où m'échapper. Guidée par je ne sais quelle intuition, je courus vers la case de ses parents. Quand j'y songe aujourd'hui, je me demande si je n'ai pas agi ainsi dans l'espoir que tout pourrait s'arranger. Comprendraient-ils que j'avais encore besoin d'un peu de temps ? En réalité, je pensais à cet instant à la mère de Yussuf et à personne d'autre. Au mariage, j'avais observé ses rides épaisses sous son voile. Et j'avais cherché ses yeux. J'avais cru reconnaître le regard d'une femme bonne et juste, capable d'enfreindre si nécessaire les règles que nous imposaient ensemble la religion et les traditions. Il me semblait qu'elle pourrait m'aider.

Je courais à perdre haleine, tandis que résonnaient dans mon dos les pas de Yussuf. Ses parents n'habitaient pas loin. Je pouvais y arriver. Non loin de leur maison, Yussuf comprit. Et il renonça à me suivre.

C'est sa mère qui m'ouvrit. Son mari et elle étaient sur le point d'aller dormir. La stupéfaction se lut sur son visage. Mais aussitôt après, elle se montra compréhensive. L'espace d'un instant, je crus qu'elle savait déjà tout. En fait, elle avait deviné, grâce à sa sensibilité féminine, sans doute. D'un signe, elle me pria de me taire. Et elle m'ouvrit les bras.

— Du calme, murmura-t-elle. Tu es en sécurité, ici. Yussuf ne viendra pas. Attends...

Elle me laissa seule. Je l'entendis qui parlait à voix basse avec son mari derrière un rideau. D'après le ton employé, je devinai qu'elle lui expliquait quelque chose. Puis elle reparut. Elle me donna à manger. Elle déroula pour moi une natte sur le sol.

— Tu peux dormir ici, dit-elle. Chez Yussuf, tu y retourneras quand tu te sentiras prête. C'est un homme sage. Mais c'est un homme. Et les hommes sont incapables de comprendre les sentiments d'une femme. Il ne faut pas avoir peur de lui. Tu verras qu'il fera un bon mari. Et qu'il ne te mènera pas la vie dure. Tu auras tout le temps de comprendre qu'il ne te fera aucun mal.

Ce fut un grand soulagement. Délivrée de mes peurs, je m'endormis dès qu'on me laissa seule. Je glissai dans un sommeil paisible et profond, enfin soulagée d'une journée trop pleine d'émotions.

La mère de Yussuf me réveilla à l'aube. Soucieuse de me rassurer, elle m'expliqua qu'un enfant avait déjà apporté de leur part un message à mon mari. Le mot disait que j'étais ici. Yussuf pourrait venir me chercher quand je lui en donnerais la permission, pas avant.

Le vieux père de Yussuf était déjà réveillé. Il me regarda quand il passa près de moi pour aller s'asseoir dehors.

— N'aie pas peur, me répéta ma belle-mère — cette femme qui était désormais mon sauveur. Il est au courant de tout. Il a décidé de parler à Yussuf. Tu peux rester ici jusqu'à ce que tu te sentes prête à affronter les devoirs du mariage.

Pour la remercier de sa générosité, le moins que je pouvais faire était de me rendre utile dans la maison. Alors que j'arrangeais le coin où j'avais dormi, j'entendis mes beaux-parents discuter à la porte. Le père de Yussuf confirmait ce que m'avait dit ma belle-mère. Il irait le matin même voir son fils. Il lui expliquerait que je n'étais guère plus qu'une enfant. Qu'il devait tenir compte de cette réalité, et essayer de me persuader en employant la ruse plutôt que la force. En évitant de m'épouvanter. Et en montrant toute la patience nécessaire. Dans notre tradition, un fils est tenu de respecter les conseils de son père. C'est pourquoi je me sentis complètement tranquillisée. Yussuf, je le savais maintenant, poserait ses mains sur moi lorsque j'y serais disposée. Le mariage, dans ces conditions, devenait acceptable. Quand vint l'après-midi, j'annonçai à la mère de Yussuf que je me sentais prête à retourner auprès de mon mari.

Ce que je fis le lendemain matin. Mon beau-père m'accompagna. Yussuf, tout en me fixant, m'accueillit avec un sourire. Je lui rendis son regard, pour aussitôt baisser les yeux, comme il convient à une épouse respectueuse et fidèle. L'instant d'après, je prenais possession de la maison. Un peu plus tard, je préparai le déjeuner en faisant de mon mieux.

Et durant toute une année, ma vie d'épouse se poursuivit sans problème. Yussuf et moi partagions tout sauf le lit : nous ne dormions pas ensemble. Cela le contraria, sans doute, mais il sut se montrer patient, en mémoire des conseils de son père.

5

Épouse et mère

Yussuf fut un mari aimable, respectueux de la tradition islamique. Attentif et prévenant lorsque nous étions seuls, il se désintéressait absolument de ma personne en public, tandis que je devais toujours, moi, me montrer soucieuse de ses exigences et de son bien-être.
Cela me convenait. N'était-ce pas la condition de toutes les femmes ? Le temps passant, la vie maritale se révéla très proche de celle que je menais dans ma propre famille – à ceci près que je jouissais d'une plus grande liberté. Mes craintes n'avaient été que l'expression du pessimisme. J'avais la possibilité de sortir, de fréquenter des femmes mariées qui connaissaient la famille de mon mari, et de bavarder avec elles aussi souvent qu'il me plaisait de le faire. Yussuf s'absentait fréquemment, ce qui me permettait d'accomplir à mon rythme les travaux domestiques sans être dérangée. J'appréciais aussi beaucoup que les adultes se montrent plus disponibles et plus tolérants avec moi, ce qui n'était pas le cas lorsque je vivais chez mes parents. En définitive, la blessure laissée

par le passage brutal de l'adolescence à la vie d'épouse était cicatrisée.

La seule idée qui me tourmentait était celle de l'intimité physique avec Yussuf. Je n'arrivais pas à surmonter la peur qui me paralysait tous les soirs, quand il commençait – ô timidement ! – ses tentatives d'approche. Nous étions mariés depuis maintenant un an, et c'était beaucoup pour un homme qui entendait faire valoir ses droits sur son épouse.

Mon corps m'aida à prendre la décision. Un matin, au réveil, je sentis que mes jambes étaient humides. Du sang... C'était ma première menstruation. Personne ne m'avait prévenue de ce qui allait arriver. J'avais appris le peu de chose que je savais en bavardant avec les filles de mon âge et avec des camarades plus grandes – discussions généralement empreintes d'idées bizarres et confuses dont il n'était possible de ne retirer qu'une seule certitude : quand cela arrivait, on était devenue une femme. Je me sentis déconcertée. Effrayée aussi. Mais je n'avais pas mal. Je devinai alors que Yussuf ne tarderait plus à obtenir ce qu'il convoitait depuis un an.

Mon premier rapport sexuel fut à la fois décevant et libérateur. Je ressentis de la douleur, mais je l'endurai sans me plaindre. Yussuf haleta sur moi sans se soucier de mon plaisir. Il est vrai que l'on m'avait excisée à la naissance, conformément aux usages de mon peuple. Quand il eut fini, Yussuf se coucha sur le côté et s'endormit. Pour moi, en revanche, ce fut une nuit d'insomnie. Ma grande crainte était d'avoir déçu mon mari, de ne pas l'avoir suffisamment satisfait. Prise d'un sentiment de culpabilité, je le regardai. En dépit de tout, j'éprouvais de la reconnaissance envers lui. Il avait su se montrer si patient... Et tout en écoutant sa respiration régulière, je décidai de m'employer à le combler davantage à l'avenir. C'est ce soir-là que je commençai à ressentir de l'affection pour lui. Et cette affection, peu à peu, se mua en amour.

La vie matrimoniale était répétitive, mais nullement fatigante. Je préparais les repas de Yussuf, je tenais la maison propre et en ordre ; quelquefois, je m'occupais des enfants des voisines. Yussuf veillait à ce que je ne manque de rien. Au marché, j'avais la permission d'acheter tout ce que je voulais, y compris des vêtements pour moi et des objets pour la maison. Souvent me revenait en mémoire la phrase de mon père : « Je considère que c'est le mari qu'il te faut. Ce sera un bon mariage. » Il était clair, désormais, que ma famille s'était réellement souciée de mon sort. Peut-être mon père et ma mère avaient-ils souffert, eux aussi, de se priver de ma présence aussi vite. Sur le moment, je m'étais sentie tellement abandonnée que je les avais détestés, mais à présent ce sentiment avait disparu. Yussuf me permettait d'aller les trouver quand j'en avais envie, et je ne me privais pas de goûter cette liberté. Retourner à la maison était toujours une joie. Cependant, j'espérais chaque fois pouvoir leur annoncer que j'étais enceinte, car la tradition, chez nous, veut que le premier-né voie le jour chez les parents de l'accouchée ; la perspective d'aller m'établir dans la maison où j'avais grandi pour m'y faire dorloter par ma mère me rendait euphorique. Je brûlais de savourer à nouveau les plaisirs de l'enfance, de me réveiller dans une maison bruissant de voix et de sons familiers... Quand viendrait donc ce bonheur ? Pourquoi n'étais-je pas enceinte ?

Peu à peu, l'inquiétude me gagna. Yussuf ne cachait pas son irritation. Il voulait un fils, je le savais bien ; et cela le préoccupait énormément de voir que je n'arrivais pas à lui en donner un. Le problème finit par devenir urgent. En effet, le travail commença à manquer dans la région, et Yussuf, comme beaucoup, avait pris la décision de se faire embaucher dans le sud du pays. Il attendait pour partir que je tombe enceinte.

J'étais déchirée. D'un côté, je ne demandais pas mieux que de satisfaire Yussuf. De l'autre, l'idée de porter un enfant m'effrayait. Ma crainte était de perdre, une fois enceinte, ma liberté toute neuve. En fait, je regardais la venue d'un bébé comme j'avais regardé naguère le mariage lui-même ; c'était une intrusion dans ma vie quotidienne. J'allais perdre ma sécurité. Et cette indépendance qui enrichissait tant mes journées... Si la chose n'avait tenu qu'à moi, je ne me serais jamais souciée de mettre au monde un enfant.

À bout de patience, Yussuf m'annonça sa décision de m'emmener consulter le *mai magani*, le guérisseur. Lui saurait quel médicament me donner pour me rendre féconde. Il s'appelait Sani. Il vivait à l'autre bout du village. Je l'avais déjà rencontré. Je le considérais comme un sage doté d'un grand pouvoir.

Sani nous attendait chez lui, assis dans la cour sur un tabouret de bois. Il se leva à notre arrivée. Il salua Yussuf, mais il ne me lança qu'un bref regard. Je baissai les yeux. J'avais beau être la première intéressée, j'attendais que mon mari explique de quoi je souffrais. Ce ne fut pas nécessaire, d'ailleurs. Sani était déjà au courant.

Il déclara que le problème était fréquent chez les femmes du Sokoto, et qu'il serait résolu sous peu. Il ajouta qu'il avait un remède sûr et efficace ; toutefois, il ne pouvait garantir que je tomberais enceinte immédiatement.

Écoutant ses paroles, je songeai que je tenais une chance de retarder encore la venue de ma grossesse. Sani va me donner un médicament, me dis-je. Et je prendrai son remède à faible dose, afin de le rendre inefficace.

En fait, je ne supportais pas d'être traitée comme quelqu'un de malade. J'étais convaincue de pouvoir tomber enceinte sans l'aide d'un guérisseur. Mon corps avait besoin de temps pour se préparer à l'épreuve, voilà tout.

Malheureusement, le guérisseur et mon mari étaient d'une tout autre opinion, et ils entendaient bien accélérer le processus. Sani remit à Yussuf un paquet contenant une poudre brune ; il expliqua que je devais la délayer dans du lait et en prendre tous les matins pendant quelques jours. Il remit aussi à Yussuf un talisman destiné à stimuler ma fécondité. L'objet ressemblait à une griffe de poulet à laquelle était noué un fil de couleur. Sani recommanda à mon mari de placer le talisman sous notre lit chaque fois que nous aurions un rapport. Enfin il se leva, et se déclara convaincu que Yussuf reviendrait bientôt le remercier de m'avoir guérie.

La rencontre était terminée. Sani nous raccompagna jusqu'au portail. Mais avant de nous saluer, il fit comprendre à Yussuf qu'il souhaitait lui dire un mot en particulier. Mon mari, d'un signe, me pria de m'éloigner. Je les observai alors. C'était Sani qui parlait, tandis que Yussuf se contentait d'approuver du chef. Cet échange prit fin au bout de quelques minutes.

À la maison, les jours suivants, je compris que mon plan pour rendre inefficace la préparation de Sani était inapplicable. Chaque matin, Yussuf s'assurait que j'ingurgitais la potion ; et chaque soir, avant de se coucher avec moi, il vérifiait que le talisman était à sa place.

Et c'est ainsi que, malgré moi, le remède fit ses preuves... Ou bien c'était mon corps qui était prêt. En tout cas, le vœu de Yussuf fut exaucé. J'avais seize ans.

Quand je sautai pour la première fois un cycle menstruel, j'essayai de me rassurer. Je tentai de me convaincre que ce n'était pas encore une preuve de grossesse. Hélas ! les malaises commencèrent au bout de quelques jours. Avec les nausées, l'impression de gonfler, les vertiges. Il fallait que j'en parle à Yussuf. Plein d'espoir, il me fit examiner par le magani, lequel se fit un plaisir de lui confirmer que j'attendais un bébé. Yussuf rayonnait. Et moi, je pleurais. Il mit mes larmes sur le compte de l'émotion et je ne fis rien pour le détromper. En réalité, je pleurais de peur et de chagrin. Je ne voulais pas de cet enfant. Je ne me sentais pas prête.

Au cours des mois qui suivirent, mon angoisse ne me quitta pas. Chez nous, attendre un premier enfant est un grand événement. À mesure que grossissait mon ventre, j'étais entourée de mille attentions : Yussuf m'avait dispensée de toutes les besognes fatigantes, et les voisines faisaient de leur mieux pour m'aider à la maison. En dépit de cet appui, du soutien de la famille et de toute la communauté, je ne vivais pas ma condition de future maman avec enthousiasme. L'enfant annoncé menaçait ma tranquillité. De plus, j'étais assaillie par le doute. Serais-je capable d'être une bonne mère, de veiller sur le petit tout en continuant de servir Yussuf ? C'est ce que mon mari attendait de moi. Mais le fait de n'avoir pas l'instinct maternel me semblait gravissime ; aussi m'efforçais-je d'afficher devant les autres une joie que je n'éprouvais pas. Heureusement, tous pensaient que si je fondais si souvent en pleurs, c'était à cause de ce sentiment mêlé de bonheur et de crainte si propre aux jeunes mères.

Quand on estima que la délivrance était imminente, je retournai vivre chez les miens, et mes parents furent heureux de m'accueillir. Papa, peu démonstratif comme à l'accoutumée, prononça quelques mots paisibles. Maman fit preuve de tendresse, comme d'habitude. Mais je n'étais pas contente, même si j'avais voulu ce moment. J'allais mettre au monde mon bébé dans quelques jours. J'étais si abattue que je ne savais plus si j'avais envie d'accoucher au plus vite, ou de retarder encore l'événement.

L'heure fatidique arriva, indifférente à mes peurs et à mes incertitudes. Je commençai le travail entourée des attentions de ma mère et des anciennes du village, couchée sur une grande feuille de bananier posée à même le sol, comme le veut la coutume. Nul ne m'avait préparée à l'inévitable souffrance physique, et après neuf mois passés à refuser psychiquement la venue de l'enfant, je vécus ma délivrance comme une épreuve insupportable. Je crus mourir, j'étais terrorisée. Mais tout changea à l'instant même où la petite fille vit le jour. Dès que je la regardai, mon cœur s'ouvrit. Ma mère la tenait fièrement dans ses bras.

Moi, Safiya, j'ai échappé à la lapidation

— Regarde, Safiya. Regarde comme elle est belle !
Oui, elle était belle. Très belle. Et c'était ma fille. L'amour qu'elle m'inspirait prit le pas sur tout autre sentiment. Les larmes de douleur devinrent des larmes de joie. Ce fut un bonheur irrésistible, mille fois plus fort que la souffrance et les peurs des derniers mois. Les femmes nous couvrirent d'affection, puis nous laissèrent seules dans la pénombre. Je dévorai ma fille des yeux. J'éprouvais pour elle une invincible tendresse. Et je n'avais plus qu'une envie : la présenter à Yussuf, lui dire qu'elle était le fruit de notre amour, lire le bonheur sur le visage de mon mari.

Mais la tradition interdit au père de voir son enfant avant sept jours. Ce terme expiré, il se présente dans la maison de sa belle-famille et attribue un nom au nouveau-né.

J'attendis cet instant en trépignant d'impatience, et le matin du huitième jour, je me trouvai très émue. Maman, qui se souciait beaucoup de mon apparence, m'aida à revêtir ma plus belle robe. Puis elle s'occupa aussi de la petite qui pleurait plus qu'à l'ordinaire, et semblait très excitée. Mesurait-elle l'importance de cette rencontre ? Tandis que je l'allaitais, je m'aperçus que je lui parlais comme si elle était déjà une grande fille : je lui expliquai que nous attendions son père, et que c'était en somme sa première apparition publique.

Je tremblais à force d'attendre. Enfin Yussuf arriva. C'est alors que le bonheur et l'émotion m'arrachèrent des larmes, surtout quand je vis qu'il avait lui aussi les yeux brillants. Mais en tant qu'homme, il ne pouvait montrer aucun signe de faiblesse. En tout cas pas tant que ma mère était dans la chambre. Aussi, jusqu'à ce

qu'elle s'en aille, il se tint crispé auprès de moi, sans oser se pencher vers notre fille. Puis, quand nous fûmes seuls, il se montra d'une grande tendresse. Il la caressa longtemps. Il lui sourit. Puis il releva les yeux en disant :
– Inno. Si on l'appelait Inno ?

J'étais stupéfaite. Était-ce bien une question ? Yussuf me demandait si j'approuvais son choix, rien ne l'y obligeait ! J'acquiesçai en silence. Il m'embrassa. Ensemble, nous avons annoncé à la famille le prénom de notre premier enfant.

Conformément à la tradition, après la visite du père et le choix du prénom, je restai chez mes parents quarante jours encore, période durant laquelle je pris avec le bébé un bain chaud quotidien que ma mère nous préparait avec l'aide des voisines. Je leur étais profondément reconnaissante de nous entourer ainsi, et très émue, car je savais la charge de travail supplémentaire que cet effort représentait ; en effet, il fallait ramener du puits deux fois plus d'eau que d'habitude, et en plus la faire chauffer.

Ces quarante jours furent sans doute la période la plus heureuse de ma vie. C'était si merveilleux de se sentir aimée de toutes parts ! Et la visite quotidienne de Yussuf ne faisait qu'augmenter encore ma joie. Désormais j'éprouvais de l'amour pour lui. Et j'étais fière de lui avoir donné cette magnifique créature. Le soir, quand je m'endormais, après avoir bercé ma petite fille, je me répétais à moi-même que jamais je n'avais imaginé un tel bonheur, même dans mes rêves les plus enflammés.

Moi, Safiya, j'ai échappé à la lapidation

Au terme des quarante jours, Yussuf vint nous chercher. Les rituels prévus par la tradition nous imposèrent d'aller présenter la petite aux parents et aux amis, cela durant un mois. Chaque jour, nous nous rendions tous ensemble en visite, Yussuf marchant en tête, et moi derrière avec Inno dans les bras. J'étais pleine d'orgueil : j'avais mis au monde une petite fille véritablement splendide, et j'avais fait la joie de mon époux. Oui, j'avais accompli tout ce qui était exigé d'une femme, et de la meilleure façon. Tandis que nous parcourions les rues du village, je repensais à mon enfance, à la fierté qui était la mienne lorsque je marchais aux côtés de la grand-mère, et qu'elle s'adressait à moi comme à une personne adulte. J'aurais voulu alors être traitée ainsi par tout le monde. Ce rêve de fillette était devenu réalité. J'étais maintenant une femme adulte. Moi, Safiya, j'étais comblée, respectée, admirée. Je marchais tête haute sous le soleil. Et pour la première fois de ma vie, j'avais pleinement confiance en l'avenir.

Mais ce bonheur aussi, bientôt, allait m'être enlevé.

6

Allah, prends-moi, plutôt qu'eux !

Après la naissance d'Inno, Yussuf partit travailler comme prévu dans le sud du Nigeria avec l'un de ses frères. Il revenait régulièrement à la maison, et par trois fois nos retrouvailles furent l'occasion de concevoir un nouvel enfant, si bien que je ne tardai pas à me retrouver mère de quatre petits : Inno, Asiya, Kulu, et Zayyanu qui était notre unique garçon.

Mon existence était bien remplie. Je mettais toute mon énergie à élever mes enfants, à leur donner une bonne éducation musulmane, et à faire en sorte qu'ils se réalisent dans la vie d'une façon pleinement satisfaisante.

J'étais sereine. Ma condition me semblait naturelle. N'étais-je pas une servante dévouée d'Allah ? Matériellement, tout allait bien. Yussuf m'envoyait régulièrement l'argent nécessaire pour l'entretien et l'éducation des enfants. Il gagnait très bien sa vie ; je savais qu'il en expédiait aussi à deux de ses frères au moins, ainsi qu'à une sœur.

En attendant le retour de mon mari, je m'occupais des enfants. Quand il rentrait, j'étais heureuse et je voyais qu'il ressentait le même bonheur. Nous étions unis, nos enfants grandissaient à l'abri des dangers du monde. Un homme et une femme peuvent-ils rien espérer de plus ?

Pendant les quelques jours où Yussuf restait chez nous, je faisais l'impossible pour le satisfaire. Je préparais ses repas avec ce que le marché offrait de meilleur, je l'entourais d'attentions, et je veillais à ne pas l'ennuyer avec des problèmes, afin qu'il puisse se reposer en profitant de sa famille.

Tout ce qui était susceptible de troubler notre intimité avait le don de me contrarier. En particulier la visite de ses relations de Sokoto. Néanmoins, je caressais toujours l'espoir qu'un de ces visiteurs l'aide à trouver un emploi stable, ici même au village. Mais la bonne nouvelle ne venait jamais. Et Yussuf finissait toujours par repartir et me laisser seule.

Heureusement, ma peine était de courte durée car mes quatre bambins accaparaient tout mon temps. Pour me réconforter, je me répétais que je n'étais pas la seule à endurer ces douloureuses séparations. La région de Sokoto est très pauvre. Son économie, essentiellement agricole, offre peu de travail. Et la règle veut que les hommes soient attirés par les États du Sud qui sont plus riches. Au village, nous étions nombreuses à partager le sort de l'épouse esseulée. Nous nous rencontrions souvent pour bavarder ensemble, ou pour nous entraider à l'éducation des enfants et aux travaux de la maison.

En définitive, mon sort n'était pas si cruel. Je le savais. J'en profitais. Et j'étais fière de mes enfants car ils étaient bien élevés et en bonne santé.

Pourtant, cette sérénité s'évanouit d'un seul coup.

Safiya Hussaini Tungar Tudu

Un jour, Yussuf revint extrêmement tendu, et il me fallut peu de temps pour me rendre compte que quelque chose n'allait pas. Il avait la mine sombre et taciturne, il s'emportait contre les enfants... Il devait avoir un grave souci. Mais une femme musulmane n'a pas le droit d'interroger son mari. Aussi me contentai-je de faire de mon mieux pour le dérider, dans l'espoir que de lui-même il en viendrait à s'ouvrir de ce qui le préoccupait.

Mais les jours passèrent sans que l'humeur de Yussuf laisse présager aucune amélioration. Le cœur serré par l'angoisse, je multipliais les efforts pour lui arracher un sourire, mais c'était toujours en vain. Il finit cependant par se confier :

— Safiya, me dit-il, il te faudra vivre dorénavant avec moitié moins d'argent. La somme que tu avais l'habitude de recevoir, je ne pourrai plus te l'envoyer. Le travail marche moins bien. En outre, je reviendrai plus rarement à la maison car le voyage coûte cher. Le mois prochain, mon frère rentrera à Sokoto, et c'est lui qui t'apportera l'argent. Je ne peux pas faire plus.

La situation était préoccupante. J'allais devoir faire vivre ma famille avec une somme réduite de moitié et destinée à durer plus longtemps... J'étais bouleversée. Mais une fidèle épouse musulmane ne se permet pas de répliquer à son mari, encore moins de discuter ses décisions.

Je n'eus d'autre choix que de réorganiser entièrement la marche de la maison, et surtout de me débrouiller pour que les enfants en souffrent le moins possible. Je me consolais en songeant que nombre de femmes esseulées subissaient déjà les effets des restrictions économiques. Jusque-là, j'avais eu de la chance. Yussuf avait veillé que je ne manque de rien. Je décidai de lui démontrer que tout irait au mieux en dépit des difficultés.

Cependant, la chose n'était pas facile. Pour la première fois, j'entendis les enfants se plaindre parce qu'il n'y avait pas assez à manger, ou parce que je les obligeais à porter leurs habits plus longtemps. Ils continuèrent à me réclamer des babioles que je ne pouvais désormais plus leur acheter. Caprices et revendications devinrent notre lot quotidien. La vie à la maison était impossible. Heureusement, la solidarité féminine me fut d'une aide précieuse ; elle me permit de me procurer du lait, de la farine de mil et de la viande, en attendant l'arrivée du frère de Yussuf, et l'argent promis.

C'était humiliant, et j'étais à tout moment au bord du désespoir. Qu'allais-je devenir si cette crise se prolongeait ? Comment s'étaient débrouillées les femmes moins fortunées que moi ? Tous les jours, je priais Allah et j'implorais Son aide. Pour me rassurer, je m'imaginais que toute la famille en faisait autant. Dieu finirait bien par nous écouter. Je n'avais aucun doute là-dessus. Alors nous verrions revenir sérénité et prospérité...

Hélas, il n'en fut point ainsi.

Zayyanu avait un an. C'était mon cadet et mon seul garçon. Il était si plein de vie qu'il arrivait à lui tout seul à mettre plus de pagaille dans la maison que ses trois sœurs réunies. Le matin, il était toujours le premier debout, courant çà et là, m'obligeant à me lever avant l'heure moi aussi ; le soir, il n'y avait pas moyen de le faire dormir.

Pourtant, un jour, je m'aperçus qu'il était retourné se pelotonner sur sa natte aussitôt levé. Sur le moment, je n'y prêtai pas garde, mais en voulant l'attacher sur mon dos pour aller au marché, je me rendis compte qu'il n'était pas bien. Il pleurnichait. Et quand je voulus l'envelopper dans le tissu, il se laissa faire comme un poids mort au lieu de se débattre. Zayyanu n'était pas du genre à faire semblant. S'il se conduisait ainsi, c'est que quelque chose n'allait pas. D'un autre côté, les enfants ont toujours mille raisons d'être indisposés, aussi décidai-je de l'emmener avec moi. De retour à la maison, pourtant, quand je voulus l'étendre sur sa natte, je remarquai qu'il avait le visage et les bras couverts de petites vésicules. Ma première hypothèse fut qu'il avait échappé à la surveillance de ses grandes sœurs, et mangé en cachette des herbes ou des baies venimeuses comme on en trouve facilement dans la savane.

Tandis que je préparais le déjeuner, je me dis que s'il n'allait pas mieux, j'irais consulter le magani, ce même Sani qui m'avait aidée à tomber enceinte quelques années auparavant. Or l'état de Zayyanu ne s'améliora pas. Il refusa de manger. Et il était brûlant de fièvre.

Très inquiète, je l'emmenai voir le guérisseur Sani, lequel ne fit qu'augmenter mon angoisse en affirmant qu'il s'agissait d'une grave maladie. Je devais essayer de faire boire à Zayyanu beaucoup d'eau, me dit-il, en le forçant si nécessaire. Il me remit des potions contre la fièvre, des produits à base d'herbes à dissoudre dans l'eau. Le dernier conseil de Sani fut de laisser dormir mon fils à volonté, en lui donnant à manger des nourritures légères et des fruits.

Sur le chemin du retour, j'eus soudain le sentiment d'être privée de tout soutien physique, moral et matériel. Cette maladie me frappait comme un coup du destin. Pourquoi fallait-il qu'il fût touché, lui mon tout petit, le benjamin de la famille, le seul garçon que j'étais parvenue à donner à Yussuf ? Pourquoi était-il malade ? Pourquoi était-il en danger ? Et Yussuf qui n'était au courant de rien ! Comme j'aurais voulu qu'il soit à la maison auprès de nous ! Sa présence m'aurait été d'un précieux réconfort.

Ces problèmes d'argent, pensais-je, venaient tout compliquer. La maladie de Zayyanu pouvait se prolonger, nous risquions d'avoir encore besoin de médicaments... J'étais parvenue aux limites de mes possibilités financières. Un moment, j'envisageai de demander du secours à des amis, mais j'y renonçai. En effet, depuis le début, je serrais les dents avec fierté, de crainte de laisser mes problèmes paraître au grand jour. Changer d'attitude, me dis-je, ne serait pas digne. Et puis, ce serait un manque de respect à l'égard de Yussuf. Solliciter un prêt à des étrangers ! Autant aller crier sur tous les toits que Yussuf n'arrivait pas à s'en sortir !

Une autre solution se présenta, plus raisonnable, semblait-il. Pourquoi ne pas me tourner vers mon père ? Oui ! Aussitôt rentrée chez moi, je demanderais à Inno d'aller à Tungar Tudu chez ses grands-parents, et de presser ma mère de venir tout de suite. À elle, je pourrais expliquer la situation. Je la supplierais de parler à mon père, d'obtenir pour moi un petit prêt. Je la prierais aussi de rester quelques jours avec nous, au moins jusqu'à la guérison de Zayyanu. Avec l'aide de ma mère, j'arriverais à emmener mon fils chez un autre guérisseur...

Mais la pire des nouvelles m'attendait à la maison. Inno accourait vers moi.

– Vite, maman ! Kulu n'est pas bien !

J'accélérai le pas, Zayyanu toujours attaché dans mon dos. Je trouvai ma troisième étendue sur sa natte. Elle poussait les mêmes plaintes que son petit frère ; comme lui, elle avait des vésicules sur les bras.

La peur me paralysa. J'étais incapable de prononcer un mot. Inno et Asiya me lançaient des regards anxieux. Elles attendaient une réaction de ma part, une décision, un geste rassurant. Et moi, assaillie par les difficultés comme je l'étais, je n'arrivais plus à réfléchir. J'avais la gorge nouée. Si je ne m'étais pas contrôlée, j'aurais fondu en larmes devant mes filles, j'aurais cédé à la peur et à l'épuisement. Mais c'était impossible. Elles étaient déjà si inquiètes, n'était-ce pas suffisant ? Avec effort, je me repris. J'ordonnai à Inno de filer à Tungar Tudu pour demander à sa grand-mère de venir immédiatement. Puis je couchai sur sa natte Zayyanu qui avait toujours beaucoup de fièvre, et semblait dormir. Je pouvais à présent m'occuper de Kulu. La malheureuse avait le front en sueur. On voyait qu'elle était très mal. Pourtant elle gardait les yeux grands ouverts. Et elle me regardait fixement, certaine que j'allais réussir à la guérir. Pour la rassurer, je lui dis qu'elle se sentirait mieux dès le lendemain.

J'envoyai Aziya chercher de l'eau au puits. Sans doute les recommandations de Sani étaient-elles valables aussi pour Kulu. Elle aussi devait boire beaucoup... Avec l'eau qui restait, je préparai les potions que je fis avaler aux deux malades. Aussitôt fait, je pressai Kulu de se reposer.

– Dors, petite. Ne t'en fais pas. Tout ira bien...

Kulu acquiesça, puis se pelotonna sur sa couche.

Zayyanu, lui, dormait déjà depuis un moment. Il était calme. Il n'avait pas l'air de souffrir. Mais était-ce normal de voir un enfant aussi vif sommeiller aussi longtemps ? Jamais je ne m'étais sentie à ce point désarmée. J'avais beau me répéter que j'avais fait tout mon possible, cela ne me rassurait en rien. Pourvu que maman ne tarde pas trop ! Demain, me dis-je, si les enfants ne vont pas mieux, je m'adresserai à un autre guérisseur.

Peut-être Allah me mettait-Il à l'épreuve. Peut-être la vie s'était-elle montrée trop clémente avec moi jusqu'ici. Peut-être était-il juste que ma famille affronte cela. Je voulais bien l'admettre. Ce que je refusais, c'était qu'Allah me prenne mes enfants ! Cette épreuve-là me semblait trop dure, trop insupportable, trop injuste. Je me prosternai vers l'Orient et La Mecque. Je récitai de tête les versets du Coran. Et j'implorai Dieu :

– Je T'en supplie, laisse-moi Kulu et Zayyanu. Ce sont mes enfants. Je ne peux vivre sans eux... Prends-moi, plutôt qu'eux. Laisse-les vivre... Fais en sorte que Yussuf rentre à la maison. Nous avons besoin de lui. Tout irait tellement mieux s'il était auprès de nous.

Je priai et je pleurai. Asiya était au puits, Inno en route pour Tungar Tudu. De temps en temps, je dressais l'oreille, à l'affût du moindre bruit venu des grabats où reposaient Kulu et Zayyanu.

Inno, à son retour, m'apprit que ma mère viendrait le

lendemain matin. Je préparai le dîner. Je voulus faire manger Kulu et Zayyanu, mais mon fils ne se réveilla même pas. Désormais, je n'arrivais plus à lui faire boire de l'eau, encore moins la potion de Sani. Kulu, elle, put manger un peu. Et boire aussi. Mais elle avait beaucoup de fièvre, et elle se laissa retomber sur sa natte après qu'elle eut ingéré le remède.

Une fois encore, je priai Allah d'épargner mes enfants.

– Prends-moi, plutôt. Mais pas eux...

Je devais passer la nuit à essayer de faire boire mes petits malades – en vain.

Au matin, la situation s'était encore aggravée. Zayyanu avait perdu connaissance. Il ne réagissait plus. Il était haletant. Tout son corps brûlait de fièvre. Et Kulu ne se portait guère mieux. Elle me salua faiblement, but la potion, puis se retourna et se rendormit aussitôt. Elle aussi était dévorée par la fièvre.

Je ne pouvais plus attendre. Il fallait faire venir tout de suite un autre guérisseur, le meilleur de la région. Je n'avais pas d'argent, mais cela m'apparaissait désormais comme un problème mineur. Quant à ma mère, elle ne donnait toujours pas signe de vie, elle qui sans aucun doute me serait de bon conseil. Elle qui saurait m'apporter du secours. Elle qui, peut-être, me procurerait l'argent nécessaire. J'avais perdu toute confiance en moi. J'avais cessé d'être une femme mûre et responsable. Des images terrifiantes défilaient devant mes yeux. Une fois encore, j'étais redevenue une petite fille cherchant du réconfort auprès de sa mère.

– Me voilà, Safiya...

Je fus soulagée d'entendre sa voix. Mais je ne pus prononcer d'autres mots que ceux-ci :
– Ils vont mal, maman. C'est pire qu'hier. Bien pire... Tous les deux...

Elle alla voir Zayyanu et Kulu. Elle aussi jugea la situation critique. Elle suggéra de faire venir Sani. Il pourrait examiner de nouveau les petits, et nous indiquer un autre guérisseur.

Mais il était déjà trop tard. Sani, à son arrivée, déclara qu'il n'y avait plus rien à faire pour Zayyanu.

Je lui lançai des regards furieux. Comment pouvait-il prononcer une telle phrase ? Ces enfants n'étaient-ils pas nés grâce à ses potions et ses talismans ? Et il était incapable de les sauver ! Pourquoi ne pouvait-il rien faire pour Zayyanu, mon petit dernier si plein de vie ? La rage désespérée qui m'étranglait fut d'abord silencieuse. Puis le son jaillit de ma poitrine comme malgré moi, en un long cri.

– Non ! Pas lui... Il ne doit pas mourir !

Je hurlais devant tout le monde. Plus rien ne comptait, si cet enfant qui était toute ma vie devait vraiment mourir. Je me jetai sur Zayyanu en sanglotant. Je le pris dans mes bras. Je le couvris de baisers. Je le serrai contre mon cœur, comme pour le protéger de la mort.

– Pourquoi Dieu est-Il si cruel ? Pourquoi veut-Il me le prendre ? balbutiais-je entre deux hoquets. Cet enfant ne Lui a rien fait ! Pourquoi mériterait-il de mourir ? Pourquoi Dieu n'a-t-Il pas entendu mes prières ? Pourquoi ne m'a-t-Il pas fait mourir, moi, à la place de mon petit ? Pourquoi...

Quelques minutes plus tard, Zayyanu mourait dans mes bras.

Sani était toujours là. Avec un regard de profonde compassion, il me rappela que je devais aussi me préoccuper de Kulu.

– Je ne suis pas en mesure de la guérir, ajouta-t-il. Aucun guérisseur ne le pourra. Cette maladie a déjà tué beaucoup d'enfants dans la région. Peut-être un médecin de Sokoto pourrait-il vous aider. Mais il vous prescrira des médicaments, et ces médicaments coûteront cher.

Les forces me revinrent avec la pensée qu'il fallait sauver Kulu. Je pouvais peut-être supporter de perdre un enfant, mais pas deux. Je priai ma mère de retourner au village demander de l'argent à mon père, et de me le rapporter au plus vite. Pendant ce temps, je m'occuperais de Zayyanu. Le rite islamique exigeait qu'il fût enterré rapidement. Je devais commencer par laver mon petit. Puis je le parfumerais. Enfin je l'envelopperais dans un linceul blanc. Il ne me resterait plus alors qu'à le voir quitter la maison pour toujours, porté par quatre hommes du village sur cette civière de bambou tressé que nous appelons *achakwa*.

Accomplir ces gestes, je le savais, me causerait une intolérable souffrance. En même temps, Kulu réclamait toute mon attention. Je la regardai sans cesser de pleurer. Indifférente à ce qui arrivait, elle reposait calmement sur sa natte, les yeux perdus dans le vide. *Toi, au moins, essaie de rester en vie... Ma fille chérie, par pitié, ne pars pas !* Ainsi pensais-je, tandis que les sanglots me secouaient. Au bout d'un moment, je me tournai vers Sani.

– S'il te plaît, je veux voir un des médecins de Sokoto. Peu importe le prix. Qu'il vienne au plus vite !

Sani me promit de partir sur-le-champ pour la ville.

Il n'y avait rien de plus à faire pour Kulu dans l'immédiat. Je lui caressai le front. Je la rassurai à voix basse. Que c'était angoissant de la voir à ce point inerte !

Il était temps de s'occuper de Zayyanu. Ayant envoyé Asiya et Inno chercher de l'eau et autres commissions, je m'approchai de la natte où reposait mon petit. Je m'agenouillai. Il était comme endormi. Et si beau... Je refusais l'idée de ne plus voir son visage, de ne plus entendre son rire et ses chuchotements... Je restai longtemps à le caresser. Je le berçai. Les larmes ne me quittaient plus.

— Mon enfant, mon enfant... Pourquoi ? Pourquoi...

Quand je dus le préparer pour la sépulture, la douleur me dévora. Ce fut une épreuve si cruelle que je crus ne pas lui survivre.

L'enterrement eut lieu au coucher du soleil. Je n'avais plus de larmes. J'avais passé la journée à regarder Zayyanu étendu sans vie sur sa natte, et à soigner Kulu qui allait de plus en plus mal.

De retour chez moi, je me hâtai d'aller la voir et je demeurai à son chevet toute la nuit. Dès les premières lueurs du jour, j'attendis anxieusement la venue du médecin et de Sani. Mais c'est seulement au début de l'après-midi que ce dernier arriva. Il était seul. Il n'avait pas réussi à trouver un médecin qui accepte de le suivre immédiatement, m'expliqua-t-il. Un docteur de l'hôpital s'était proposé de se déplacer jusqu'au village, mais pas avant le lendemain.

Prise de rage, j'insultai Sani :

— Incapable ! Tu ne pouvais pas leur dire ce qui se

passe ici ? Aucun être humain croyant en Dieu ne laisserait mourir une fillette sous prétexte qu'il ne peut se déranger !

Une femme ne s'adressait pas à un homme sur ce ton. Surtout à un ancien, à un sage, à un fidèle serviteur d'Allah – c'est ainsi que le guérisseur était regardé. Pourtant Sani s'abstint de réagir. Il savait dans quel état de douleur je me trouvais.

Peu après, ma mère arriva à son tour. Elle avait l'argent et la bénédiction de mon père.

– Il veut que tu saches qu'il prie pour toi et pour Kulu, Safiya !

Cela me rendait du courage, d'avoir maman auprès de moi.

– Avec cet argent, lui dis-je, je peux aller moi-même chercher un médecin à Sokoto. Je le traînerai ici de force s'il le faut !

J'étais résolue à le faire, mais ma mère m'en dissuada.

– Cela ne servira à rien, Safiya. S'ils n'ont pas écouté Sani, qui est un homme et un guérisseur, tu penses bien qu'ils ne voudront pas t'écouter non plus, toi une pauvre femme.

Elle avait raison. Il ne me restait plus qu'à prier et m'armer de patience. Je m'allongeai à côté de Kulu, bien décidée à ne plus m'éloigner d'elle jusqu'à l'arrivée du médecin. J'étais si impuissante ! La fillette brûlait littéralement de fièvre. Elle avait quasi perdu connaissance.

Bien que torturée par la colère, la révolte, le chagrin et la détresse, je refusais de me laisser aller. Kulu n'avait besoin que de calme et de repos. Toute la journée, puis toute la nuit, je m'efforçai de la faire boire et manger – en vain.

Le lendemain, le médecin de l'hôpital ne vint pas, en dépit de sa promesse. Au milieu de l'après-midi, je fus prise d'un irrésistible accès de rage. L'état de Kulu empirait. Je ne supportais pas de voir le monde se montrer à ce point insensible à sa souffrance et à mon chagrin.

Ma mère envoya de nouveau Inno chez Sani. Le guérisseur revint nous voir et s'offrit de retourner lui-même à Sokoto chercher un autre médecin. Nous avons acquiescé.

Il y eut une autre soirée suivie d'une autre nuit – de nouvelles heures atroces passées au chevet de Kulu. Elle avait maintenant perdu connaissance, et respirait péniblement. Elle ne me répondait plus lorsque je lui parlais. Quand je la caressais, elle demeurait inerte.

Folle de chagrin, je priais Dieu de la sauver. Je Lui adressais des reproches aussi. Ce martyre n'avait aucune justification, et Il ne faisait rien pour l'empêcher !

– Que T'ai-je fait ? Pourquoi me punis-Tu ainsi ? De quoi suis-je coupable ? Quel mal Zayyanu avait-il fait ? Quel mal Kulu a-t-elle fait ?

Au matin, Sani arriva enfin avec un docteur. Celui-ci, après avoir examiné Kulu, déclara en secouant la tête que c'était la varicelle... Il se demandait à haute voix si la maladie n'était pas déjà trop avancée pour être combattue.

C'était sa façon de me dire que Kulu était perdue. Quand je compris cela, je perdis tout contrôle. Bouleversée, j'accablai le médecin :

— C'est votre faute ! Si vous étiez venu tout de suite, vous l'auriez sauvée ! Dieu vous punira ! Vous verrez, quand mon mari reviendra ! Lui saura bien vous le faire payer !

Cet éclat épuisa ce qui me restait d'énergie. Je n'avais pas mangé ni dormi depuis trois jours. Je m'effondrai, à demi évanouie. Aussitôt, je me sentis envahie d'une paix irréelle. C'était comme si je me détachais des choses : l'agonie de Kulu, moi sur le sol auprès d'elle, ma mère, Sani qui s'entretenait à voix basse avec le médecin. Ce dernier montra à ma mère que nous aurions dû nous adresser directement à lui au lieu de consulter un guérisseur. Il poursuivit en expliquant que la varicelle ne pouvait se guérir que si elle était prise à temps, et soignée avec les remèdes appropriés. Sani intervint pour affirmer qu'il nous avait lui-même conseillé de voir un médecin en ville, aussitôt après avoir examiné Zayyanu. Enfin le médecin, poursuivant son échange avec ma mère, lui révéla une autre épouvantable vérité : cette maladie, la varicelle, était infectieuse. Autrement dit, Inno et Asiya l'avaient peut-être déjà contractée, elles aussi. Il nous conseillait de les surveiller avec grande attention, et de ne l'appeler qu'en cas d'apparition des mêmes symptômes. Il lui restait maintenant à prendre congé. Il nous laissa des remèdes pour Kulu, non sans avouer qu'il doutait de leur efficacité, la maladie étant trop avancée. Ma mère le paya. Elle donna aussi quelque chose à Sani. Médecin et guérisseur s'en allèrent.

Kulu mourut peu de temps après avoir ingéré le premier des comprimés laissés par le docteur. Elle partit dans mes bras, comme son frère. Et je crus mourir, moi aussi.

J'étais à bout de forces. J'avais perdu en quelques jours deux de mes quatre enfants. Si je parvins à surmonter cette épreuve, ce fut grâce à l'amour d'Inno et Asiya. Je ne les quittais plus des yeux, attentive au moindre signe suspect, à la moindre difficulté pour respirer, à la plus légère fatigue. J'étais catastrophée à l'idée qu'elles puissent attraper la varicelle à leur tour et en mourir ; mais ni l'une ni l'autre, heureusement, n'avait contracté le mal.

Ma mère resta auprès de moi pendant ces jours de tristesse, et sa présence me fut une aide vitale. Encore choquée par la mort de mes enfants, je découvris que ma situation financière s'était aggravée. Je n'avais plus d'argent. Et je m'aperçus en fouillant dans ma mémoire que Yussuf ne m'avait rien envoyé depuis longtemps. Pire, il ne donnait plus de nouvelles. Je ne savais même pas si quelqu'un de sa famille l'avait prévenu de la mort de nos enfants. Pourquoi mon mari n'était-il pas avec moi ? J'aurais voulu le serrer dans mes bras. J'aurais voulu entendre de sa bouche des paroles rassurantes. J'aurais voulu essayer de lui donner un autre fils ! Réfléchissant à la tragédie qui venait de nous frapper, je pris conscience qu'aucun membre de sa famille ne s'était manifesté. Personne ne m'avait offert de l'aide. Nul ne s'était même soucié de mes difficultés matérielles.

Quelques semaines après la mort de Kulu, le frère de Yussuf revint au village. Lui aussi travaillait dans le Sud. Et c'est lui, d'habitude, qui m'apportait l'argent.

Cette fois, il n'avait rien à me remettre de la part de Yussuf. J'appris de sa bouche que mon mari avait été informé de la mort des enfants, mais qu'il ne pouvait rentrer chez nous. Yussuf non plus n'avait pas assez d'argent pour vivre.

Tout cela me semblait fort étrange. D'autant que je percevais dans ses paroles une note de reproche. Aussi incroyable que cela paraisse, la famille de Yussuf et lui-même avaient l'air de me tenir responsable de ce qui était arrivé. Ils estimaient peut-être que je n'avais pas su affronter la situation...

La vérité, je l'appris d'une voisine dont le mari travaillait dans le Sud avec Yussuf. Il me fut rapporté que mon mari avait régulièrement confié pour moi de l'argent à son frère, mais que le frère l'avait gardé pour lui.

J'eus peine à croire à une pareille ignominie. Je décidai d'aller voir les parents de Yussuf pour obtenir des explications.

Jamais je n'oublierai cette entrevue. Je m'y étais rendue en toute confiance, songeant à l'accueil que la mère de Yussuf m'avait réservé le soir où je m'étais réfugiée chez elle – à la fois épouse et enfant terrorisée. Je me présentai avec toute l'humilité requise chez une femme respectueuse de ses beaux-parents. Calmement, je leur expliquai que je ne recevais plus d'argent de Yussuf depuis des mois, et qu'il m'était impossible de continuer ainsi. Leur réaction fut glaciale. C'est ma belle-mère, surtout, qui parla, et sur un ton qui me laissa stupéfaite :

– Ce qui arrive arrive par ta faute. Non par celle de notre fils ! Yussuf est loin. Il se sacrifie. Il est accablé de soucis ! Tu ferais mieux de te conduire comme une bonne épouse, comme une femme responsable qui affronte les difficultés sans se plaindre et continue de prendre soin de sa famille...

— C'est ce que j'ai fait tant que je recevais de l'argent de Yussuf ! répliquai-je. Mais je n'ai plus un sou, à présent ! Comment faire ?

— Yussuf n'a jamais cessé de t'envoyer de l'argent ! reprit ma belle-mère. Il est vrai que la somme a diminué, mais une bonne maîtresse de maison sait affronter des passages tels que ceux-là. Avec peu d'argent, elle arrive quand même à nourrir les siens !

À ce point de la discussion, je me sentis obligée de leur faire part de mes soupçons.

— Peut-être Yussuf m'a-t-il bien envoyé de l'argent par l'intermédiaire de votre fils, mais il ne m'est jamais parvenu ! Le frère de Yussuf l'a peut-être gardé pour lui !

Cette remarque eut pour effet de faire perdre son calme à ma belle-mère. Elle me cria que je mentais, et que je n'aurais qu'à faire les comptes avec mon mari à son retour. Sur quoi elle me chassa sans me laisser le loisir de lui répondre.

Je rentrai chez moi amère et déçue. Pourquoi ne voulaient-ils pas comprendre ? La situation était pourtant claire. Je vivais depuis des mois sans aucun revenu. En fait, j'étais à la charge de mes propres parents... L'idée que Yussuf n'avait peut-être pas accepté la mort de nos enfants, et que les derniers événements lui avaient été rapportés de telle sorte qu'il envisageait de me répudier, me traversa l'esprit.

Il fallait absolument que je réussisse à lui faire parvenir un message. Il fallait que j'arrive à lui demander de rentrer chez nous, et d'écouter mes raisons. Je parlai aux autres femmes ; peut-être l'un des maris se préparait-il à partir pour le sud. En réunissant petit à petit des bribes d'informations, je découvris que toute la famille de Yussuf, pour diverses raisons, avait dû accepter de grandes restrictions ; et que le plus touché n'était autre que le propre frère de mon mari, celui chargé de m'apporter de quoi vivre. Alors je compris. Mes beaux-parents estimaient que l'argent de Yussuf leur était d'abord destiné, et non à moi.

Ma décision fut bientôt prise. J'eus une conversation avec mes parents qui m'approuvèrent. Je retournai voir la famille de Yussuf avec l'intention de leur faire une proposition susceptible d'arranger tout le monde : pendant cette passe difficile, je resterais à la charge de mes parents, et j'essaierais de gagner quelques sous en confectionnant à domicile des nattes et des paniers. Ainsi, j'apporterais ma contribution aux efforts exigés par cette période difficile.

Malheureusement, on ne me laissa même pas le temps de m'expliquer. Ma belle-mère m'accueillit très froidement. Sans se donner la peine de m'écouter, elle me dit que tout était fini.

— Yussuf en a assez de toi, ajouta-t-elle. Tu n'as pas su le rendre heureux. Et il te tient pour responsable de la mort de Zayyanu et de Kulu !

Horrifiée, je compris ce qui m'attendait. La mère de Yussuf se dressa, pointa sur moi son index et prononça la formule fatidique :

— Au nom de mon fils Yussuf, je te répudie ! Je te répudie ! Je te répudie !

Moi, Safiya, j'ai échappé à la lapidation

Trois fois. La condamnation était sans appel.

Je m'éloignai de cette maison, brisée. Je n'avais que vingt-quatre ans. J'avais perdu en l'espace de quelques mois deux de mes enfants et mon mari.

J'étais seule.

7

Répudiée

Après la répudiation, je fus forcée de retourner vivre chez mes parents, alors qu'eux-mêmes traversaient une période de vaches maigres. Inno et Asiya étaient restées dans la famille de Yussuf, de sorte qu'à l'humiliation s'ajoutait le chagrin de la séparation – mes filles me manquaient affreusement. Tout mon univers s'était écroulé en si peu de temps ! Je me demandais pourquoi. Je repensais au départ de Yussuf. À son absence. À la pauvreté. Puis à la maladie et à la mort de Zayyanu et Kulu. J'étais répudiée. Il ne me restait plus que mes deux filles, et voilà qu'on me les arrachait de force...

Une autre question demeurait sans réponse : Yussuf. Nous nous étions aimés. Nous avions eu quatre enfants ensemble. Est-ce qu'il n'éprouvait plus rien pour moi ? C'était impossible. Certes, je n'en avais aucune preuve, mais j'étais convaincue qu'il m'aimait toujours, et qu'il m'avait répudiée sous la pression des siens.

Quoi qu'il en soit, je ne voulais pas me laisser ronger par les regrets. Cela ne servait à rien. Au fond, tout n'était pas perdu. Inno et Asiya venaient souvent me voir, et mes parents m'avaient recueillie avec toute l'affection dont ils étaient capables. Ils compatissaient à mes malheurs, et ils s'efforçaient d'alléger autant que possible le fardeau de ma situation. Comme toujours, maman se montrait douce. Elle savait me communiquer sa sérénité. Quant à mon père, sa voix paisible me rassurait, comme lorsque j'étais enfant.

— Dieu s'emploiera à te rendre à nouveau heureuse, me répétait-il.

Allah me fit attendre trois ans avant de m'offrir la possibilité d'un nouveau mariage. Comme naguère pour Yussuf, mon père m'en parla un soir pendant le dîner.

— Safiya, tu vas bientôt te remarier. Avec Mohammed, un de mes élèves à l'école islamique. Il t'a demandée en mariage, et j'ai répondu oui.

La nouvelle me rendit heureuse. Je connaissais Mohammed : il avait déjà deux épouses, mais cela ne me dérangeait pas. L'important était de me délivrer de cette infamie qu'était la répudiation. Je devais redevenir une femme mariée, avoir d'autres enfants, cesser de vivre aux dépens des miens... Échangeant un regard avec ma mère, je compris qu'elle avait déjà été mise au courant. Son sourire était éloquent. « Tu as vu ? semblait-elle vouloir me dire. Voilà ton vœu exaucé. Allah n'abandonne jamais ceux qui Lui sont fidèles. »

Ce fut un mariage expéditif. Mohammed et moi étions adultes, et nous n'en étions ni l'un ni l'autre à notre premier mariage. Je fis connaissance chez lui de ses deux autres épouses, Maraya et Fatima. Mohammed avait épousé la première très jeune, poussé par sa famille, et elle lui avait donné deux enfants. Cinq ans après ses premières noces, il s'était épris de Fatima, sa deuxième femme, qui ne lui avait pas encore donné d'enfant, mais qui exerçait pourtant sur lui une influence considérable.

Avec Maraya, nous nous sommes tout de suite bien entendues. C'était une femme au caractère affable, avec laquelle il n'était pas difficile de partager les travaux de la maison. Le temps passant, nous nous sommes rapprochées. Parler avec elle me rappelait l'heureux temps de mon amitié avec Safiya. En revanche, Fatima n'avait manifestement aucune envie d'entretenir des rapports avec nous. Elle ne participait pas aux besognes domestiques, et ne nous adressait la parole qu'en cas d'absolue nécessité.

Elle n'était tourmentée, semblait-il, que par un seul souci : l'obligation qui lui était faite de partager avec nous les excellents produits ramenés de la chasse par Mohammed. En réalité, elle s'efforçait par tous les moyens de nous rendre la vie plus pénible. Maraya, qui supportait cette condition depuis quatre années déjà, fut contente de m'avoir auprès d'elle. Ainsi qu'elle me l'avoua elle-même, ma présence l'aidait à supporter les brimades de Fatima.

– Quand j'ai appris que Mohammed allait prendre une troisième épouse, j'ai prié Allah de m'envoyer une femme compréhensive qui m'aiderait à maintenir l'harmonie de la famille. Et Il m'a exaucée !

Quelque peu rassurée par ce jugement, je cherchai à me rapprocher d'elle encore plus, ce qui ne manqua pas de m'attirer des critiques venimeuses de la part de Fatima.

Mohammed exerçait le métier de chasseur. Entre deux longues battues, il avait l'habitude de revenir passer quelques jours à la maison. Alors Fatima l'accaparait, se montrait prévenante avec lui, et fort zélée dans les travaux domestiques – tandis qu'elle était incroyablement désinvolte et paresseuse en son absence.

En fait, Fatima avait décidé de s'affranchir de notre compagnie, à Maraya et à moi. Elle déploya tous ses efforts pour devenir l'unique épouse de Mohammed. J'appris un jour, par une des sœurs de Mohammed, que Fatima essayait de l'obliger à répudier Maraya.

Ma belle-sœur me demanda de n'en parler à personne. Mais c'était un secret de Polichinelle, et je ne voyais pas l'intérêt de me taire. À la première occasion, je racontai tout à Maraya, en la suppliant de ne pas me trahir. Informée de ce qui se tramait, pensais-je, Maraya saurait mieux se défendre et tenterait de savoir ce que Mohammed avait réellement en tête. Sa réaction me surprit. Elle m'embrassa, les yeux brillants, et dit avec calme :

– Je m'y attendais. Dès son arrivée, Fatima a voulu m'éliminer. Ce n'est pas la première fois qu'elle fait ce genre de suggestion à notre mari. Et je sais que Mohammed, tôt ou tard, suivra son conseil. Je suis une femme adulte, maintenant. J'ai trente-trois ans. Je commence à n'être plus très désirable. J'ai donné deux enfants à Mohammed. J'ai fait mon devoir. C'est un homme faible, trop sensible à la séduction féminine. Un jour ou l'autre, tu verras, cette maison ne sera plus ma maison...

Maraya ne se trompait pas. Mohammed la répudia. J'en ressentis un chagrin immense, et ce fut pour moi une perte irréparable. Une fois de plus, la vie me séparait d'une amie loyale et sincère. Et j'avais beau être plus jeune que Maraya, je connaissais l'horreur de la solitude, qui s'aggravait avec l'âge, à mesure que les chances de se remarier s'amoindrissaient. J'ai toujours beaucoup prié pour elle, pour que Dieu lui accorde un nouveau mari, la stabilité et la paix.

Concentrée comme je l'étais sur Maraya, je ne songeais guère à moi-même. En tout cas, je n'imaginais pas subir le même sort. C'est pourtant ce qui arriva. Fatima parvint à convaincre Mohammed de me répudier à mon tour, quand bien même je lui avais donné deux enfants, Garba et Aisha.

Je décidai cette fois de ne pas me rendre sans combattre. J'en parlai à mon père qui était un bon ami de Mohammed, et lui demandai d'intervenir. Je m'opposais aux menaces de Fatima. Je me protégeais même avec un talisman. Mais Fatima était trop forte. Et elle savait comment agir sur la volonté de Mohammed. À la fin, lui aussi me répudia.

J'étais de nouveau seule et de retour chez mes parents. Le temps passa. La déception passa avec le temps. Et l'espoir finit par revenir... Deux ans après avoir été répudiée par Mohammed, je fis la connaissance d'un homme appelé Mamman.

Mamman était lui aussi un étudiant de mon père, et il avait obtenu son consentement. Il travaillait depuis peu dans l'État d'Oyo, au sud du Nigeria. Il me proposa le mariage. J'étais invitée à le suivre. Il ne m'offrait pas une existence facile, mais j'acceptai.

Dans le Sud, la vie était beaucoup plus chère, et Mamman ne gagnait pas assez pour m'entretenir avec mes enfants. Ce n'était pas la misère absolue, même si nous vivions dans une indigence extrême, cependant mon existence devint un véritable enfer lorsque Mamman commença à devenir violent. Peut-être les difficultés matérielles auxquelles il devait faire face le poussèrent-elles à me maltraiter. Il me brutalisa même tellement que ses propres parents finirent par me pousser au divorce. Je suivis leur conseil. C'est ainsi que je partis après un an de mariage. De nouveau j'étais seule, et pour la troisième fois, de retour sous le toit de mes parents.

Je commençais à me demander si Allah Lui-même ne me réservait pas un destin de souffrance et d'instabilité, quand Mohammed s'avisa de me donner signe de vie. Fatima était morte. Il me proposait de nouveau le mariage.

La décision ne fut pas facile à prendre. Mohammed était un homme faible. D'un autre côté, l'expérience de la solitude lui avait peut-être été de quelque profit. Convaincue de pouvoir le changer et le rendre heureux, je me rendis chez lui. Mais comme autrefois, je dus affronter de longues périodes de solitude. Mohammed n'était guère présent. Il chassait toujours dans les terres du Sud-Ouest.

Cependant ce mariage aurait tenu si mon époux, un beau jour, n'était pas rentré à la maison malade, et accompagné d'une nouvelle femme. La situation se détériora rapidement. La nouvelle épouse de Mohammed était beaucoup plus jeune que moi, et c'est à elle qu'il réservait toutes ses attentions. J'étais passée au second plan. En outre, d'après la règle islamique, il n'incombait qu'à moi de soigner mon mari malade, et j'étais supposée accepter sa nouvelle femme de bonne grâce. Mais l'entretien de la maison était entièrement à ma charge, Mohammed ayant accepté qu'elle en soit dispensée.

La condition était humiliante, pourtant je m'y adaptai. Tout plutôt que de subir la honte d'une nouvelle répudiation ! Le jour où Mohammed passa de l'indifférence à l'hostilité, mes illusions s'évanouirent de nouveau. Il m'accusa de lui avoir jeté un sort, d'avoir causé sa maladie. Ma vie devint un enfer. Et il arriva une chose dont je n'aurais jamais imaginé qu'elle fût seulement possible : c'est avec un sentiment de délivrance que j'entendis mon mari me répudier.

8

Une rencontre fatale

À trente-quatre ans, je portais le poids d'une vie d'erreurs. J'avais été quatre fois mariée, quatre fois déçue et trois fois répudiée. J'avais subi quatre défaites, quatre retours à Tungar Tudu, dans la maison de mes parents. Même après l'échec de mon deuxième mariage, celui avec Mohammed, mon père et ma mère m'avaient accueillie avec un amour infini. Ils avaient vieilli, ils étaient fatigués, et pourtant ils semblaient toujours prêts à m'ouvrir les bras, le cœur gros de mon propre chagrin. Certes, c'étaient des gens pudiques. Mais chaque sourire de mon père – désormais très âgé et presque aveugle –, exprimait la même compassion, et il en était de même pour chaque caresse de ma mère.

Dans le cours paisible de la vie au village, j'essayais de tirer des leçons de ces expériences, et c'était toujours pour en arriver à la même conclusion : il est mauvais de se fier aux apparences, car on ne connaît jamais assez bien les hommes. Les hommes... Je ne voulais plus en entendre parler ! Je m'étais finalement résignée à vivre le reste de mes jours sans mari. Je me consacrerais à mes enfants et à mes parents. Ma famille, c'étaient eux. Eux seulement. Il n'y avait plus de place pour un époux, sauf si j'étais autorisée à me faire moi-même une opinion sur celui qui me demanderait en mariage. Je ressentais une grande amertume. Mais j'avais appris dans ma chair ce qu'il en coûtait d'accepter le premier venu dans le seul but de ne pas rester seule. La solitude était préférable à une union de ce genre. Mieux valait être considérée avec commisération, dérision ou mépris, que de pleurer jour après jour, nuit après nuit, sur un choix malheureux.

Ces réflexions me réconfortèrent et m'aidèrent à retrouver un équilibre, ainsi que ma dignité de femme. Les autres pouvaient toujours penser de moi ce qu'ils voulaient, je me sentais une personne, un être que la vie n'avait pas traité avec une grande générosité, une adulte capable de prendre des décisions et de penser par elle-même, une mère honnête et suffisamment sage pour savoir élever ses enfants dans le respect de la justice et de la religion. Je n'avais commis aucun crime. Ni contre Allah, ni contre les hommes. La petite communauté villageoise pouvait me critiquer et parler dans mon dos, cela m'était indifférent.

Tel était mon état d'esprit quand entra dans ma vie l'homme qui devait me détruire.

Comme toute femme mûre, j'avais cessé de vivre en permanence sous le contrôle de ma famille. Je jouissais d'une grande liberté de mouvement, à Tungar Tudu comme dans les villages voisins. C'est au cours d'un déplacement que je rencontrai un jour Yacubu, un cousin éloigné du côté de mon père. Ce n'était pas la première fois que je le croisais. D'ordinaire, je passais mon chemin après l'avoir salué. Mais je me rendis compte que, depuis quelque temps, nous nous croisions souvent. En fait, je rencontrais Yacubu presque chaque fois qu'il m'arrivait de quitter le village. Et, chaque fois, Yacubu me saluait avec plus de chaleur, avec plus d'égards. Autrement dit, ces rencontres ne devaient rien au hasard. Yacubu me faisait la cour !

Étais-je intéressée par une liaison avec lui ? Pas du tout. Il avait déjà une femme, mais cela n'avait aucune incidence sur l'opinion que je me faisais de prétendants éventuels. Seulement Yacubu avait une façon de s'y prendre qui ne me plaisait guère. S'il avait vraiment des intentions sérieuses envers moi, pourquoi essayait-il de me voir en cachette ? Pourquoi ne s'adressait-il pas à mon père ?

Je décidai donc de me montrer très froide avec lui la prochaine fois que nous nous croiserions, et de persévérer dans cette attitude jusqu'à ce qu'il veuille bien me laisser tranquille.

Quelques jours plus tard, je tombai à nouveau sur Yacubu alors que je me rendais chez mon oncle à Jinjina. Il vint à ma rencontre le sourire aux lèvres. Je ne lui rendis pas son sourire. Au contraire, je le saluai brièvement et continuai ma route. Mais il m'appela.

— Safiya !

Je me retournai.

— Ne t'inquiète pas, dit-il en me rejoignant. Je veux bavarder un peu, c'est tout. J'ai su comment s'était terminé ton dernier mariage, et je serais heureux de pouvoir faire quelque chose pour toi.

— C'est très gentil, répondis-je avec un bref sourire. Je te remercie. Mais tout s'est arrangé, maintenant. Cette période de ma vie est derrière moi. Aujourd'hui, je suis heureuse.

Sur quoi je m'en allai.

Mais Yacubu avait décidé que le temps pressait. Quelques jours plus tard, je le trouvai encore sur mon chemin. Cette fois, il me retint en me posant des questions sur les miens, sur la santé de ma mère et sur la maladie des yeux dont souffrait mon père. Après ces généralités, il me surprit beaucoup en me tendant une pièce de tissu fleuri.

— C'est pour toi, Safiya. Accepte-le. Je l'ai trouvé sur un marché, pas loin d'ici. C'était une affaire, alors je l'ai acheté. Maintenant, ça me fait plaisir de te l'offrir. Je n'attends rien en échange. Je veux juste te faire un cadeau.

Craignant de l'offenser par un refus, j'acceptai la pièce de tissu. Puis je me remis en route.

Dès lors, il me fut impossible de quitter Tungar Tudu sans croiser Yacubu. À chaque fois, il avait l'air de s'intéresser un peu plus à l'état de mon père.

— Il y a un guérisseur à Sokoto, me dit-il, qui a un remède puissant parfaitement adapté à ce genre d'affection. Je suis allé le voir, et je lui en ai acheté, en me disant que vous n'aviez peut-être pas souvent l'occasion d'aller à la ville. Tiens. Prends-le.

— Je te remercie, Yacubu, répondis-je. Tu es très prévenant. Mais ce n'est pas à moi d'accepter ce remède. Tu l'as acheté pour mon père. Alors il vaut mieux le lui apporter à lui. Tu n'as qu'à venir nous voir. Mon père sera très content. Et il te remboursera le médicament lui-même.

Ainsi, Yacubu aurait l'occasion de parler à mon père de ses intentions à mon égard. Oui, c'était vraiment la bonne façon d'agir.

Sauf qu'il ne l'entendait pas de cette oreille.

– Non, reprit-il. Le médicament est pour ton père, Safiya, mais c'est en pensant à toi que je l'ai acheté. Je sais l'affection que tu as pour lui. C'est à toi de prendre ce remède !

Il s'ensuivit un instant de silence. J'étais très tendue. Je ne savais comment me débarrasser de Yacubu qui me fixait intensément, ce qui me gênait encore plus. Il finit par déclarer :

– Je suis amoureux de toi, Safiya. J'ai envie de toi. Je pense à toi sans cesse. Tu es toujours là, dans mes pensées...

Ce fut comme recevoir une gifle. L'espace d'un instant, je restai pétrifiée, ne sachant quoi répondre. Mais les doutes que je nourrissais sur les hommes l'emportèrent. Non, j'avais trop souffert ! Je ne croyais plus en l'amour. J'avais perdu confiance.

– Non, Yacubu. Laisse-moi. Ne cherche plus à me voir. Ces choses-là, c'est fini pour moi.

Sur quoi je m'en allai. Après mes courses, je rentrai à Tungar Tudu en priant le ciel de ne pas le trouver à nouveau sur mon chemin.

Sa déclaration m'avait troublée, et elle m'obséda pour le restant de la journée. Je menais une vie paisible, désormais. Fallait-il y renoncer pour aller vivre avec un homme ? Je ne me sentais pas le cœur de recommencer l'expérience, de craindre une fois encore la menace d'une répudiation.

J'étais dans tous mes états lorsque j'arrivai à la maison, et ma mère s'en aperçut aussitôt.

— Qu'y a-t-il, Safiya ? Tu es bouleversée !

Anxieuse, je me réfugiai dans ses bras et je lui avouai tout. Je lui parlai de Yacubu, lui expliquai qu'il me faisait la cour, qu'il m'adressait des sourires, et qu'il m'avait offert une pièce de tissu. J'évoquai aussi l'affaire du médicament, et sa déclaration d'amour explicite.

— Je suis épouvantée à l'idée de me remarier ! Je ne sais que faire, maman !

Maman acquiesça sans se départir de ce calme dont elle était coutumière.

— Tout va s'arranger, Safiya. Nous allons en parler ce soir même à ton père. Cette proposition de Yacubu est peut-être un signe. Allah a peut-être voulu Se montrer bienveillant. Il veut que tu aies un avenir. Une vie stable. Une vie d'épouse. Réfléchis, Safiya. Pourquoi repousser Yacubu avant de savoir qui il est vraiment, et ce qu'il attend de toi ?

Au dîner, mon père se montra ouvert à cette possibilité.

— Il ne faut jamais repousser les occasions qu'Allah nous présente ! déclara-t-il d'un ton sentencieux. La prochaine fois que tu rencontreras Yacubu, dis-lui de venir me voir.

Je me couchai ce soir-là dans la confusion, fort perturbée. Me voilà encore une fois sur le point de me marier ! me répétais-je. Mais cette idée me répugnait. Pourquoi ? Yacubu n'est-il pas gentil ? Il est souriant, généreux... Quelque chose pourtant me soufflait de ne pas me fier à lui.

Le lendemain, dès que j'eus franchi les limites du village, je m'aperçus qu'il m'attendait – c'était tellement évident. Sans une hésitation, il vint à moi. Mon cœur cognait dans ma poitrine. J'aurais voulu m'enfuir, mais je n'y arrivais pas. Je ne pus rien faire, sinon prendre les devants et me montrer aussi dure que possible.

– Yacubu, écoute-moi ! commençai-je. Mon père souhaite te parler. Au revoir !

Je poursuivis ma route sans un regard pour lui. Mais il me rattrapa.

– Attends, Safiya. D'accord, d'accord, j'irai voir ton père. C'est normal ! Mais laisse-moi d'abord te parler. Regarde ! ajouta-t-il en me montrant des noix de kola. Prends. C'est un cadeau. Pour toi et pour ta famille !

Chez nous, les noix de kola ont une signification profonde. On les offre en principe à l'issue de la prière qui conclut la cérémonie nuptiale, ou encore à une jeune fille que l'on souhaite épouser. En somme, c'était un présent des plus éloquents. Je sais aujourd'hui que j'ai commis une erreur en les acceptant, mais je voulais me débarrasser de Yacubu et, sur le moment, il n'y avait pas d'autre moyen.

– Je te remercie, dis-je en prenant le cadeau. En mon nom et au nom des miens.

– C'est une joie pour moi ! répondit-il.

Il souriait. Il avait atteint son but.

— J'habite tout près d'ici, reprit-il. Et je vis seul. Cela me ferait plaisir si tu passais. Viens quand tu veux. Pourquoi pas aujourd'hui ? Après tes courses...

La proposition n'était guère honnête. Aussi lui fis-je la réponse qu'il méritait :

— Yacubu, je ne viendrai pas chez toi. C'est à toi d'aller voir mon père.

Une fois de plus, je le plantai là.

Au dîner, ce soir-là, je dis à mes parents que j'avais rencontré Yacubu, en omettant de préciser qu'il m'avait invitée chez lui. Mon père fut satisfait d'apprendre qu'il m'avait promis de venir lui faire part de ses intentions.

Mais cette nuit-là, de nouveau, je ne pus dormir tant mon âme était agitée. Je n'arrivais pas à penser à autre chose qu'à Yacubu. Je me remémorais ses paroles. Je songeais à son invitation...

Il veut que j'aille chez lui, dans sa maison... Il est amoureux de moi, il veut coucher avec moi, il pense à moi... Que dois-je faire ? Et ses cadeaux ? La pièce de tissu, le médicament, et maintenant les noix de kola... Elles finissaient par me torturer, ces noix de kola. Avant de me coucher, elles m'étaient encore tombées entre les mains par accident, et je les avais posées à côté de ma natte. Plusieurs fois, au cours de la nuit, je les regardai. Aussitôt après, je replongeais dans ces pensées qui me mettaient l'esprit sens dessus dessous. *Yacubu s'est épris de moi... Il m'aime... Il veut que j'aille chez lui... Et si mes parents avaient raison ? Si c'était la volonté d'Allah... ?* Dès que je fermais les yeux, le visage souriant de Yacubu s'imprimait sur mes paupières. J'entendais à nouveau ses mots. Et je croyais entendre aussi, plus confiante qu'elle ne l'avait été en réalité, la propre voix de mon père : « Il ne faut jamais repousser les occasions qu'Allah nous présente ! »

Au petit jour, je sentis très nettement que quelque chose s'était modifié en moi.

Je fus debout dès l'aube. Et comme je m'acquittais des travaux habituels, je compris à ma grande stupeur que j'avais envie de voir Yacubu. Comment faire ?

Je pensai soudain au menuisier. Nous lui devions de l'argent pour des réparations qu'il avait effectuées dans la maison, et je retardais toujours le moment d'aller le payer, précisément parce qu'il habitait le village de Yacubu. Étrangement, la raison de ne pas aller voir le menuisier était subitement devenue la raison d'y aller ! Sans tergiverser davantage, je prévins ma mère que je sortais.

Une fois sur le sentier qui menait au village de Yacubu, je réalisai que je ne pouvais me rendre directement chez lui. De la part d'une femme, une telle initiative ne pouvait manquer de paraître déplacée... Mais alors quelle conduite adopter ? Devais-je commencer par aller voir le menuisier, pour feindre ensuite... Parvenue à l'entrée du village, j'étais encore aux prises avec ces réflexions quand Yacubu vint à ma rencontre, plus souriant que jamais. Je m'arrêtai. Et je lui répétai, décidée, que mon père attendait toujours sa visite. J'insistais sur ce point avec obstination, comme on se cramponne à une planche de salut, lorsqu'une force plus puissante encore m'attira dans la direction opposée – vers la maison de Yacubu. Celui-ci, pour toute réponse, me confirma d'un signe de tête que telle était bien la direction à prendre.

Comme prévu, je commençai par aller payer le menuisier. Et ensuite, sur le chemin du retour...

Yacubu a envie de moi, il m'aime, il veut coucher avec moi, il m'attend... Sa maison, dressée dans l'éblouissante lumière du soleil, me paraissait plus grande et plus belle que les autres – c'était la seule maison où j'avais envie de vivre et de trouver la paix... Mes pas m'entraînèrent vers elle... J'en franchis le seuil... Et je me donnai à Yacubu...

Je me donnai à lui ce jour-là sans y penser, sans réfléchir aux conséquences. Cet homme m'attirait et m'inspirait de l'affection. Pourtant, quelques heures plus tôt, il mettait en danger ma réputation. J'avais changé d'un seul coup. Et du tout au tout. Quant vint l'heure de reprendre le chemin de Tungar Tudu, j'eus de la peine à laisser Yacubu. Je ne trouvais pas naturel de devoir le quitter, or il ne vivait pas seul, contrairement à ce qu'il m'avait affirmé. Sa femme devait rentrer sous peu. Mais n'y avait-il pas aussi, cette fois, une place pour moi dans cette maison ?

Le temps d'arriver chez moi, l'affection que j'éprouvais pour Yacubu s'était transformée en amour. Son corps, son sourire et sa voix m'avaient accompagnée tout au long du chemin. Je ne parlai de rien à mes parents. Une partie de moi-même était consciente d'avoir commis un acte déshonorant – lequel, cependant, serait devenu acceptable si Yacubu avait parlé à mon père.

Ces scrupules m'empêchèrent de me confier à ma mère, mais non de retourner à trois reprises chez Yacubu au cours des semaines suivantes. À chaque fois, je pénétrais dans sa maison décidée à obtenir qu'il aille voir mon père. Puis je m'abandonnais dans ses bras avec l'espoir qu'il me consentirait ensuite cette satisfaction. Plus tard, bien plus tard, au moment de le laisser, je l'entendais réitérer la même promesse : oui, il irait voir mon père, oui il viendrait au village. Quand ? Bientôt ! Très bientôt. Mais pas demain, parce que demain... Je m'en allais alors mortifiée, troublée, peu convaincue, et pourtant déjà habitée par l'envie de me jeter à nouveau dans ses bras. Le soir, chez moi, je n'avais de pensées que pour lui...

J'étais folle amoureuse. Je brûlais de l'entendre me demander en mariage. Je me sentais désormais à l'étroit dans une solitude que je n'avais acceptée que par résignation. J'aspirais à revivre la vie d'épouse et de mère amoureuse. L'avenir me souriait...

C'était la troisième lune depuis que Yacubu et moi... Et la lune était là, haute dans le ciel, sceau d'argent marquant ma défaite. Je la regardais. Et je pleurais. Trois mois ! Cela me semblait impossible. Yacubu n'avait pas tenu sa promesse. Jamais il ne s'était montré à Tungar Tudu. Tandis que moi, dans son village...

Aucune excuse ne tenait plus pour justifier sa conduite. Mon amour et mon enthousiasme allaient se dissipant... Encore une déception. Pour la énième fois, un homme m'avait trahie.

Maintenant, me demandais-je, que va-t-il advenir de moi ? La réponse vint de mon corps, comme tant d'années auparavant, lorsque j'étais l'épouse-enfant, et que j'hésitais à me donner à Yussuf. La troisième lune... Mes règles ! Elles n'étaient pas arrivées. Ni ce mois-ci, ni le mois précédent. J'étais enceinte. D'ailleurs beaucoup d'autres symptômes le prouvaient, dont je ne m'étais pas souciée dans mon impatience à voir enfin Yacubu se présenter à notre porte. La fatigue. Les nausées. Les vertiges...

Je sentis revenir mes forces. Yacubu, maintenant, serait obligé de se dépêcher. Il faudrait bien qu'il vienne parler à mon père avant la naissance du bébé. Il y avait tant de choses à mettre au point : le mariage, mon emménagement chez lui...

Ce même soir, radieuse comme une jeune épouse enceinte de son premier enfant, j'annonçais la nouvelle à mes parents. Maman m'embrassa, mais mon père tint à modérer mon enthousiasme.

— Tu attends un enfant de Yacubu, Safiya... Mais Yacubu n'est pas encore venu me voir...

— Il viendra, père. J'en suis sûre. Je vais lui dire ce qu'il en est et il viendra !

Mon père ne se montra guère convaincu. Je lui avais rarement vu une expression aussi sévère. Surtout à mon sujet.

— Tu as commis une grave erreur, reprit-il. Tu t'es déshonorée. Tu n'aurais pas dû céder à un homme qui n'est pas venu te demander pour épouse !

Comme toujours, il évitait de prononcer des paroles

superflues. Le front soucieux, il se retira pour la dernière prière, puis alla se coucher.

Il avait raison... Je me le répétai toute la nuit, tandis que la joie cédait peu à peu pour faire place à une sourde inquiétude. Comment avais-je pu me laisser aller ainsi ? Et qu'allait-il arriver ? Si Yacubu acceptait de m'épouser, aucun problème n'était à redouter, mais dans le cas contraire ? Qu'allais-je devenir ? Et l'enfant que je portais ? L'enfant... Oui, c'est sur lui que je devais me concentrer à présent. Car cet enfant était une preuve d'amour. Demain, j'irais voir Yacubu. Je lui annoncerais la nouvelle. Je lui dirais qu'il est sur le point d'être père. À cette pensée, je repris confiance. Et je m'endormis.

Le voilà. Il m'a vue. Il sourit. Il regarde déjà vers sa maison. Il me la montre des yeux... C'est donc qu'il me désire toujours. Il m'aime... Comme il va être heureux, quand je lui dirai pour le bébé...

Je répondis à son sourire. Bientôt il fut près de moi. Au lieu de le suivre chez lui, je parlai.

– Yacubu, je dois t'apprendre une nouvelle importante.

Lisait-il déjà la vérité sur mon visage ? Était-il possible qu'il eût tout compris en si peu de mots ? En tout cas, il ne souriait plus. Peut-être n'était-ce qu'une impression de ma part. J'étais si agitée ! *Dis-lui, Safiya ! Courage !*

– J'attends un enfant, Yacubu ! déclarai-je avec enthousiasme. Notre enfant !

Je lui ouvris les bras. Je voulais qu'il m'embrasse.

Mais il demeura pétrifié. Il me dévisageait sans mot dire. C'est seulement au terme d'un long silence qu'il parvint à balbutier, défaillant :

— Tu es sûre ? Comment peux-tu en être sûre ?

Tout va bien, pensai-je. Il est étonné, voilà tout. Sans cesser de sourire, je répondis :

— Je suis enceinte. Une femme comprend ces choses. Si je te le dis, c'est que j'en suis sûre. Je suis enceinte !

Il va se ressaisir, me dis-je. Il va me serrer contre lui. Nous allons reparler de la visite à mon père. Du mariage aussi...

— Quelle tuile ! s'exclama-t-il.

— Qu'est-ce que tu dis, Yacubu ?

— C'est une tuile, non ? siffla-t-il.

Il paraissait furieux. Je me sentis glacée.

— Mais non, Yacubu... Ce n'est pas une tuile ! Je suis heureuse... Un enfant ! Tu ne comprends pas ? Un enfant à nous... C'est un don d'Allah ! Le fruit de notre amour... Je saurai me montrer une épouse fidèle et respectueuse, une mère attentive. Tu verras que tu n'auras pas à te plaindre de moi. Maintenant, il faut que nous allions voir mon père. Il t'attend ! Il ne fera pas d'histoires pour l'argent. Ma famille se contentera de peu.

Yacubu ne réagissait pas. Il finit par lâcher sans même me regarder :

— D'accord. Je vais le faire. J'irai parler à ton père.

Je restai plantée devant lui. J'attendais un sourire de sa part, un signe rassurant. Mais rien ne venait. Yacubu me congédia d'abord d'un regard, avant d'ajouter :

— Pars. Rentre chez toi. Je te donnerai vite de mes nouvelles.

Ce fut tout. Il m'abandonna sur ce chemin de terre

battue qui rejoignait, un peu plus loin, la rue principale de son village.

Les larmes me brûlaient les yeux, mais je parvins à me contrôler. J'arrivai à la maison déçue, épouvantée, bouleversée. Il me fut impossible de cacher ce que je ressentais à mes parents. Cependant, j'insistai sur l'aspect le moins préoccupant de la situation : Yacubu viendrait bientôt me demander en mariage. Je n'y croyais plus moi-même, mais ma raison refusait d'accepter une nouvelle désillusion. Incapable de soutenir plus longtemps le regard de ma mère et de mon père, je me réfugiai dans un angle de la cour, à l'endroit même où j'allais me cacher, petite fille, quand je voulais être seule et pleurer à mon aise.

Les jours passèrent. Yacubu ne vint pas. Décidée à tenter un dernier essai, je retournai au village. Il parut contrarié de me voir, cependant il vint à ma rencontre. L'espace d'un instant, à la tête qu'il faisait, je crus qu'il allait m'annoncer quelque chose. Mais que pouvait-il m'annoncer d'autre que son intention de m'épouser ?

Pourtant, les seuls mots que Yacubu parvint à prononcer avec un air honteux furent les suivants :

— Il faut te débarrasser de cet enfant. Tu dois avorter.

Je me souviens que je manquai défaillir. Cela ne pouvait être vrai...

— Yacubu, qu'est-ce qui te prend ?

— Réfléchis, Safiya. C'est la seule solution. Après, nous recommencerons à nous voir, et tout sera comme avant.

Tout sera comme avant... Avec notre enfant qui n'aurait jamais vu le jour ! Avec mon chagrin ! Alors que ma vie serait ruinée à jamais, que j'aurais à supporter la désapprobation de mon père et le déshonneur !

Je me demandai si l'homme que j'avais devant moi était bien celui dont j'avais fini par tomber amoureuse après tant et tant de sages résolutions. Cet homme inepte, méprisable et mesquin ! Cet être sans cœur ni piété. Cet individu indigne et déloyal... En un instant, tout bascula. L'amour se métamorphosa en haine. Une irrépressible envie de frapper Yacubu s'empara de moi. J'aurais voulu lui cogner dessus jusqu'à le faire hurler.

Sa voix, quand elle me parvint, me sembla très lointaine.

— J'en ai parlé avec mon frère, disait-il. Tu sais qu'il travaille à Sokoto. C'est un homme influent dans les villages de la région. C'est lui qui m'a donné ce conseil, et de l'argent. Je n'ai pas les moyens d'avoir une deuxième femme, Safiya. Essaie de comprendre ! Il n'y a pas d'autre solution !

Pour lui, et pour son frère, je devais aller voir un mai magani, avaler des potions, subir de dangereuses pratiques abortives, peut-être même m'en remettre à l'une de ces vieilles femmes capables d'extraire le bébé, quitte à mettre la vie de la mère en péril. Et tout cela en cachette, bien sûr. Car personne ne devait savoir que j'attendais un enfant. Ou bien Yacubu songeait-il à employer l'argent de son frère pour me confier aux soins d'un médecin de Sokoto qui me ferait avorter clandestinement ? L'homme que j'aimais me demandait de tuer notre enfant, de risquer ma vie... Je n'arrivais pas à le croire. Jamais l'idée ne m'avait effleurée de supprimer volontairement une vie qui se développait en moi. C'était indigne. C'était monstrueux.

— Je n'ai jamais avorté, Yacubu ! criai-je. Et je n'avorterai pas cette fois non plus !

Je m'enfuis en courant. Pleurant à grosses larmes, j'arrivai à la maison et me réfugiai dans mon coin de la cour, où je donnai libre cours à la rage et au désespoir. J'ignorais qu'un chagrin d'amour pût faire souffrir autant. Je m'étais trompée, et j'étais une femme musulmane. Je devais payer pour la faute commise. Oui, payer. De la façon la plus cruelle qui soit, comme je n'allais pas tarder à l'apprendre.

9

L'accusation

Quelques semaines après ma dernière rencontre avec Yacubu, la police était là. Deux agents. Des enfants leur avaient montré le chemin jusque chez moi sans dissimuler leur curiosité. Les représentants de l'ordre voulurent d'abord parler à mon père, qui les reçut avant de m'appeler.

– Safiya. C'est pour toi. Ils ont des questions à te poser sur l'enfant que tu portes, et sur la date de ton divorce.

Il ajouta tristement :

– Il fallait s'y attendre. *Inch Allah* !

Oui, il fallait s'y attendre. Mon père ne m'avait-il pas mise en garde ? Cette liaison avec Yacubu était une infraction selon la charia, la loi islamique en vigueur chez nous. Et ma grossesse risquait de venir aux oreilles de la Cour islamique de Sokoto. Dans ce cas, ainsi que mon père me l'avait expliqué, l'affaire pouvait aller en justice. Ce n'était pas une certitude, mais une possibilité. Quelqu'un avait dû me dénoncer. À moins de supposer qu'un policier particulièrement zélé écumait le

110

village pour repérer les citoyens coupables de manquements à la loi. Je m'attendais au pire depuis quelque temps, même si j'avais toujours au fond du cœur une lueur d'espoir. Mais aux femmes, chez nous, il n'est pas permis d'espérer. En définitive, les agents étaient là. À quelle bonne âme devais-je cette visite ? Je n'arrivais pas à l'imaginer – comment aurais-je pu ? Du reste, c'était sans importance pour le moment. Le problème, c'étaient ces deux policiers qui venaient m'interroger. Torturée par l'anxiété, j'allai leur parler sans me douter de l'humiliation qui m'attendait.

Sans préambule, au mépris de toute délicatesse, et en présence de mon père, ils me posèrent une quantité de questions tendant à établir avec le maximum de précision les dates de mes rencontres avec Yacubu. Ils voulaient tout savoir : le jour, l'heure, les modalités de la rencontre. Ils m'interrogèrent même sur le genre de rapport sexuel que nous avions eu à chaque rendez-vous. S'était-il agi de rapports complets ? Partiels ? De quelle nature ? Où s'étaient-ils accomplis ? Comment ? Qui en avait pris l'initiative ? En avais-je retiré du plaisir ? Et Yacubu ?

Ces questions m'atteignirent comme autant de coups de fouet. Deux heures durant, les policiers me traitèrent sans la moindre pitié, au mépris de ma gêne et de ma pudeur. Après quoi ils s'en allèrent. Épuisée autant qu'effrayée, j'avais tout avoué. J'avais dit la vérité sans omettre aucun détail. Du reste, comment me dérober ? Ma grossesse, désormais, était plus qu'apparente !

Cette journée fut un cauchemar. À la maison, nul ne m'accusa de rien, mais l'atmosphère était lourde d'une tension inaccoutumée, malsaine. Je pleurai en songeant à ce que qu'avait dû coûter à mon père l'obligation d'assister à cet interrogatoire ! Comment avais-je pu lui infliger une telle honte ? Je me sentais atrocement coupable. Le soir, quand j'allai me coucher, je pleurais toujours. Je revis chaque minute de mon supplice. Et je formai le vœu que Yacubu eût à subir le même. Que dirait-il ? Allait-il reconnaître les faits ? La police pouvait-elle le contraindre à m'épouser et à régulariser la situation ? Et dans ce cas, moi, que ferais-je ? Accepterais-je de cohabiter avec un homme contre son gré ?

Il existait cependant une autre possibilité. Une éventualité plus effrayante que le mariage forcé. Yacubu pouvait nier en bloc. Déclarer ne pas avoir eu de liaison avec moi. Évidemment, mon ventre représentait une preuve. Mais le nom de Yacubu y était-il inscrit ? Non. Yacubu avait la liberté de sortir parfaitement innocent de cette affaire. Il lui suffisait pour cela de m'accuser de mensonge.

Cette pensée m'obsédait tellement que le sommeil ne vint pas. Je me sentais glisser peu à peu dans la détresse. Comme après la mort de Zayyanu et Kulu, je craignais de ne pas surmonter cette nouvelle épreuve du destin.

Cependant, au milieu de mes tourments, j'avais la conscience tranquille. Allah savait en quelles circonstances j'avais cédé à Yacubu. J'avais espéré. J'avais voulu le mariage dur comme fer. J'y avais cru. Yacubu me l'avait promis. Et j'étais tombée dans son piège. Comment était-ce possible ? Une vision fulgurante m'apparut : les noix de kola ! Mes dispositions envers Yacubu s'étaient métamorphosées après que j'eus pris ce cadeau entre mes mains... Le dédain aussitôt s'était mué en amour. Je ne voyais qu'une seule explication :

Moi, Safiya, j'ai échappé à la lapidation

Yacubu avait fait envoûter les noix de kola. Il les avait changées en talisman d'amour. Oui ! Voilà exactement ce qui s'était passé. Je me rappelais, maintenant... C'était arrivé le soir même. En me déshabillant pour me coucher, j'avais trouvé les noix de kola dans mes vêtements, et je les avais déposées auprès de ma natte où elles étaient restées toute la nuit. Le talisman avait largement eu le temps d'agir. C'est cette nuit-là qu'il s'était passé quelque chose. En rêve, j'avais regardé Yacubu d'un œil plus indulgent. Je m'étais même sentie prête à l'aimer. Je me souvenais aussi de la suite quand, le lendemain, j'avais été envahie par le désir de le revoir, de m'offrir à lui. J'avais immédiatement trouvé un prétexte pour me rendre à son village – la fameuse dette au menuisier. C'est alors que nous avions eu un premier rapport. Le stratagème ne faisait aucun doute. Tout était clair, désormais. Mais comment le prouver ? Aurais-je dû signaler ces détails aux agents ? Si je l'avais fait, m'auraient-ils crue ? Je décidai d'en parler le lendemain à mon père. Lui, au moins, saurait me comprendre. Lui et Allah.

J'appris quelques jours plus tard que Yacubu avait été interrogé par la police. Il reconnaissait avoir eu à trois reprises des rapports sexuels avec moi. Je savais, pour ma part, qu'il s'agissait de quatre fois. La chose était peut-être sans importance, mais elle m'irrita. Comment pouvait-il avoir oublié ? Je ne représentais donc rien pour lui ? Il s'était servi de moi. Il avait voulu jouir de mon corps sans se soucier de rien d'autre – telle était la vérité. Je fus envahie par une rage irrépressible.

D'autant que je devinais la raison secrète de ses aveux : il avait l'intention de prendre soin de moi pendant ma grossesse, puis de m'épouser et de reconnaître l'enfant, et enfin de me répudier à sa guise. Je le haïssais. Il me fallait échapper à ce mariage ! Je m'en ouvris à mon père, mais il dissipa mes illusions.

— Safiya, tu n'as pas le choix. En refusant d'épouser Yacubu, tu t'exposes à une accusation d'adultère. Et la charia a prévu des peines très sévères pour ce genre d'infraction. Yacubu s'est très mal conduit. Le mariage est le moins qu'il puisse faire pour réparer sa faute. Il te doit ce mariage.

Je me trouvais prise au piège. Tout était contre moi. Furieuse, désespérée, je me sentis soudain révoltée. Et je fondis en larmes devant mon père, attitude que la femme doit toujours s'efforcer d'éviter chez nous. La réaction de mon père fut de me prendre la main. Par ce geste tendre, il m'exprimait sa solidarité. Cela m'était d'un grand réconfort. Allah avait décidé de me faire souffrir. Il me mettait à l'épreuve. Mais Il m'offrait en même temps le secours de parents merveilleux.

Quelques jours encore, et la convocation arriva. Je devais me présenter devant la Cour qui instruisait le procès. Oh, je voulais bien m'y rendre ! Ce n'était pas un problème. Cependant j'hésitais car Yacubu y serait aussi. Et je ne voulais pas le voir. Je craignais de céder à la colère, de compromettre par mes réactions une position déjà critique. D'un autre côté, ne pas répondre à la convocation était impensable. Dès lors, je ne cessai plus de me remémorer l'interrogatoire des deux agents, et les réponses que je leur avais fournies. Par ce moyen, je m'efforçais de trouver la bonne marche à suivre. Devais-je confirmer ou modifier mes dépositions ? J'imaginais aussi que d'autres questions me seraient posées. Je ne voulais pas risquer d'être prise au dépourvu.

Le moment venu, c'est l'émotion qui l'emporta sur la volonté de me défendre. Je décidai de ne rien dire. Peut-être Allah voulait-Il simplement me voir subir en silence une énième humiliation. Mon ventre, désormais, était très gros et encombrant ; une fois dans la salle d'audience, je m'assis de telle sorte que Yacubu ne puisse éviter de le voir.

Regarde-le, mon ventre ! Regarde-le, être méprisable ! C'est le fruit de ce que j'ai pris pour ton amour ! C'est ton enfant ! Tu voulais que j'avorte. Tu voulais le tuer. Mais moi, je l'aime. Je veux qu'il voie le jour. Je veux qu'il connaisse la vie et le sourire de sa maman. Je le veux, ce bébé. Cette « tuile », comme tu dis ! Cette chose dont tu jugeais qu'il fallait s'en débarrasser au plus vite. De façon à ne plus y penser. De façon à pouvoir à nouveau me faire l'amour comme à une femme ramassée dans la rue... Regardez-le, tous ! Voyez l'enfant que je porte dans mon sein ! Je n'en ai pas honte. Je n'éprouve que fierté et amour. Car cette créature, Allah a voulu qu'elle vienne au monde...

Un flot de paroles coulait en moi – mais ne dis rien. Docile, j'écoutai parler les hommes. Je m'étais attendue à être criblée de questions ; je me trompais. C'est Yacubu que l'on interrogeait, et lui seul. Il lui fut officiellement reproché d'avoir eu avec moi une relation sexuelle. Mais la réprimande était de pure forme. Je ne me faisais aucune illusion sur ce point. La coupable, c'était moi. D'ailleurs mon silence le confirmait. Ce fut humiliant. Insupportable. Une impulsion me commandait de me lever, de hurler, de m'enfuir ! Je m'imposais de me taire et de ne pas pleurer.

Yacubu, en revanche, parla. Avec sérieux, avec calme, et, sans sourire le moins du monde de ce radieux sourire qui naguère lui venait si facilement, il reconnut avoir eu des rapports avec moi. Il déclara vouloir prendre soin de l'enfant et de la mère. Il acceptait de m'épouser. L'affaire était classée. À la fin, je m'en allai sans un adieu pour lui. J'étais assaillie par des pensées qui étaient toutes haineuses.

Je n'ai rien fait, me disais-je. Il m'a demandé de tuer notre enfant. Rien que pour cela, et pour le mal qu'il m'a fait, il mérite d'être puni. Au lieu de quoi on lui offre une porte de sortie ! Il ne reste plus maintenant à l'infâme qu'à se présenter chez nous pour discuter de la dot et des modalités de la noce. Ce monstre va venir profaner notre maison. Il sera indigne de le voir approcher l'être sacré qu'est mon père, mais c'est pourtant ce qui va arriver. Même cette honte, je devrai l'endurer !

Il en alla autrement. Yacubu ne vint jamais à la maison s'entretenir avec mon père. Et ce ne fut pas tout. Le vrai scandale éclata quelques jours après l'audience : Yacubu s'était rétracté. Il s'était présenté au tribunal pour annuler sa déposition et la remplacer par une autre !

Moi, Safiya, j'ai échappé à la lapidation

D'après sa nouvelle version des faits, il ne m'avait jamais connue. Jamais nous n'avions eu de rapports sexuels ensemble. C'est moi qui avais tout inventé pour le piéger et me trouver un mari...

Je n'arrivais pas à en croire mes oreilles.

Mon affaire était désormais sur la place publique. Chaque visiteur qui passait chez nous était porteur d'informations nouvelles. Yacubu s'était ravisé sur les conseils de son frère. Je savais que le frère en question était un personnage influent. On le craignait dans les villages de la région, car il était riche et travaillait à Sokoto. Yacubu, lui, était un faible et un incapable. C'est pourquoi il s'était fié à son frère pour se tirer de ce mauvais pas.

Mais suite à ce revirement, on avait rouvert le dossier. Et le principal responsable des faits s'en était sorti avec une simple déclaration. Yacubu était dispensé désormais de tout interrogatoire. Nul ne l'accuserait plus de rien. Sa réputation était sauve. En revanche, on me questionnerait encore. On m'arracherait des aveux au compte-gouttes. On m'infligerait des comparaisons. Et des humiliations dont je savais fort bien qu'elles pouvaient me conduire à une peine terrible.

Durant ces journées de détresse et d'incertitude, mes parents s'employèrent à me protéger. Ils se rangèrent à mes côtés avec une détermination surprenante. Physiquement, je me sentais de plus en plus abattue : le terme approchait. Mais grâce à la force morale héritée des miens, j'étais maintenant convaincue de pouvoir surmonter n'importe quelle épreuve. J'avais décidé de dire la vérité. Je parlerais sous la dictée de ma conscience qui était propre et intègre. Et il en serait fait selon la volonté d'Allah. Une volonté à laquelle sa fidèle servante ne chercherait pas à se soustraire.

Mon ventre continuait de gonfler. Je sentais maintenant les mouvements du bébé. Cette créature était un don. Une raison supplémentaire de me défendre.

Je lui parlais mentalement, tout en me caressant le ventre : *Viens au monde, petit ! J'ai tellement envie de te voir. C'est toi qui me donneras la force de nous sauver tous les deux. Je t'aime tant... Tu es ma vie nouvelle. Viens au monde, je t'en prie. Viens à mon aide. Quand tu seras dans mes bras, je ne me soucierai plus de rien ni de personne. Ils pourront me calomnier, me réconforter ou m'épouvanter – je ne les écouterai pas. Il n'y aura que toi, mon enfant. Je n'écouterai que ta voix. Je ne verrai que ton petit visage. Et je t'aimerai plus encore que maintenant. Je t'aimerai comme si tu étais mon unique enfant, l'enfant le plus aimé.*

L'enfant naquit le jour prévu. Aidée de ma mère, je mis au monde une petite fille. Très belle. En bonne santé. Forte. Je l'appelai Adama. Aux yeux du monde, elle était la preuve de mon péché. Mais je remerciai Allah de me l'avoir donnée. Dès le premier instant, comme je la regardais, je voulus la protéger, lui offrir la sécurité dont elle avait grand besoin. La sécurité pour laquelle il valait la peine de se battre. Et de se battre jusqu'au bout, quel qu'en soit le prix.

Moi, Safiya, j'ai échappé à la lapidation

Ma décision fut mise à l'épreuve quelques jours plus tard. Je m'occupais du bébé quand arriva une communication officielle. Mon affaire avait été transférée à la Cour islamique du district auquel appartenait mon village. Je devais répondre de l'accusation d'adultère.

Et la peine prévue pour ce crime était la mort par lapidation.

10

Le procès

La mort par lapidation... Que signifiaient ces mots ? Petite fille, j'avais vaguement entendu les anciens du village en parler. Et voilà que l'on voulait aujourd'hui me voir périr ainsi. Moi, Safiya. Moi dont le seul crime était d'être tombée dans le piège d'un homme sans scrupule. J'avais appris avec terreur les atroces modalités de l'exécution : le condamné était enterré – jusqu'à la taille si c'était un homme, les femmes jusqu'à la poitrine. Puis on lui couvrait la tête d'un sac. Et tous lui lançaient des pierres jusqu'à ce que mort s'ensuive. Elles ne devaient pas être trop grosses car le supplice était supposé durer longtemps, ni trop petites car elles devaient meurtrir et faire mal.

Rien n'était encore arrêté. Pourtant, l'idée de mourir ainsi sous une pluie de pierres devint mon cauchemar. Chaque jour, je me réveillais déchirée. D'un côté l'avenir m'angoissait, de l'autre Adama me procurait de la joie. Je berçais mon enfant, je l'allaitais, je m'occupais d'elle, je la serrais contre mon cœur ; et je m'interrogeais sur la cruauté du monde.

Moi, Safiya, j'ai échappé à la lapidation

– Tu es petite, lui disais-je. Tu es sans défense, si belle et si fragile, pareille à une fleur. J'aurais dû te tuer, peut-être, pour sauver ma vie ? Écouter l'être ignoble qui t'a engendrée ? Eh bien, je n'ai pas voulu. Et voilà : je risque maintenant de mourir pour l'amour que je te porte. Où est la justice ? Comment pourrais-tu avoir provoqué tant de mal ? Pourquoi un bébé, si pur et innocent devient-il le symbole d'une faute passible de mort ?

Adama était une petite fille calme et tranquille. Il suffisait de la regarder pour se sentir apaisé. À la joie qu'elle m'apportait s'ajoutait l'affection de mes parents – son sourire, les instants heureux. Mais une ombre nous menaçait, encore éloignée et pourtant si proche, si redoutable...

Un nouveau procès s'annonçait. Je m'attendais à subir une fois encore des questions gênantes, honteuses, humiliantes... Des juges inconnus et des étrangers vont fouiller mon intimité, me disais-je. Ils en feront une chose odieuse. Et je devrai tout supporter. Les laisser mettre à nu ce qui m'appartient... Il me faudra aussi revoir Yacubu. Entendre ses mensonges. Supporter le jugement de ceux qui lui accorderont foi... Et ensuite ? Ensuite viendront les insultes. Les moqueries. Cette avalanche de pierres destinées à me tuer, à priver Adama de sa mère...

Car ce qui m'épouvantait le plus, ce n'était pas la mort. C'était l'idée que ma fille se retrouve seule. Elle si petite, si impuissante, incapable de se défendre...

Non ! hurlais-je dans mon sommeil. *Non*, murmurais-je dans la journée, quand me saisissait une rage irrépressible, si violente qu'elle me poussait même à en vouloir à mon père. Lui si religieux ! Lui si sage ! Que fait-il pour empêcher cela ? Il sait pourtant que je suis de bonne foi. Il appartient aux anciens. C'est un membre écouté et influent de la communauté religieuse. Pourquoi reste-t-il sans agir ? Sans protester ? Pourquoi ne va-t-il pas expliquer aux juges ce qu'il en est réellement ? Il leur suffirait d'entendre ses raisons pour que l'affaire soit classée aussitôt... Alors je serais libre. Libre de continuer à vivre avec Adama...

Alors, je revenais à la réalité. Personne n'avait le pouvoir de m'éviter ce procès. Pas même mon père. C'était à moi de me défendre. À moi de faire valoir mes arguments.

Cette lapidation, je devais y échapper à n'importe quel prix.

Je n'étais pas vraiment prête quand vint le jour du procès. J'avais déjà comparu à deux reprises devant la Cour islamique avant la naissance d'Adama. La première fois, le juge s'était contenté de nous interroger, Yacubu et moi. Il avait alors entendu nos deux versions de l'affaire. La seconde audience n'avait été qu'une comparution au terme de laquelle le procès fut renvoyé à une date ultérieure, après la naissance de l'enfant. Et entre les deux, tout s'était rapidement renversé.

Avec cette nouvelle audience s'ouvrait la partie la plus redoutable de la procédure, celle qui devait décider de mon sort. J'étais bouleversée, anxieuse, mais résolue à me défendre. Mon meilleur argument, c'était Adama, un nouveau-né. Elle n'avait pas conscience de ce qui se passait autour d'elle. Si Yacubu était doté de quelque sensibilité, il lui suffirait de regarder sa fille pour se rétracter entièrement. Alors il pourrait la reconnaître, avouer avoir eu avec moi des relations sexuelles, accepter de m'épouser et me sauver de la lapidation. Dans ce cas, j'étais prête à consentir au mariage comme à un expédient pour éviter d'être condamnée, même si la perspective de vivre avec un individu aussi lâche et indigne que Yacubu m'horrifiait. Oui, pensais-je, Adama influencera le juge. Elle le poussera à trouver injuste le fait d'arracher un bébé à la protection de sa mère.

Je pénétrai dans la salle bondée en portant fièrement mon bébé, de sorte que chacun puisse le voir. Adama dormait. Et même si je vivais un des épisodes les plus dramatiques de mon existence, chaque fois que mes yeux se posaient sur son petit visage, j'avais le sentiment d'être seule avec elle. Sa respiration paisible et régulière me donnait confiance ; il me semblait que tous ceux qui étaient présents devaient éprouver la même chose.

Le juge entra, flanqué de deux assistants. Le public se leva. On récita quelques versets du Coran. Des formalités s'accomplirent. L'audience était ouverte.

Yacubu était assis en face de moi. J'évitai de le regarder en face, mais je vis en l'observant du coin de l'œil combien il était soucieux et préoccupé. La bouche entrouverte, comme le jour où je lui avais annoncé que j'attendais un enfant, il gardait les yeux fixés sur le juge. Derrière lui, bien droit sur son siège et parfaitement à son aise, se tenait son frère, ce frère riche et puissant qui l'avait convaincu de revenir sur sa première déposition, et de nier les faits. Cet homme avait-il conscience de qu'il était en train de faire ? Se rendait-il compte que je risquais de mourir tuée par des pierres ? Qu'une petite fille allait se retrouver orpheline ?

Le juge prit la parole et me pria d'écouter avec attention. Il me lut alors mes dépositions précédentes, puis me demanda si je souhaitais les confirmer, les modifier ou revenir sur ma version des faits. Je les confirmai sans marquer d'hésitation. Oui, Yacubu avait eu à quatre reprises des rapports sexuels avec moi. Oui, chez lui. Oui, il m'avait promis le mariage. Oui, sans l'ombre d'un doute, il était le père d'Adama.

Puis le juge se tourna vers Yacubu pour lui lire ses dépositions. Une fois encore, je frémissai d'indignation et de fureur. Yacubu prétendait ne m'avoir jamais connue. Il n'avait jamais eu de relations sexuelles avec moi. Il ne reconnaissait pas Adama comme étant sa fille. J'écumais.

Quand le juge demanda à Yacubu s'il confirmait ses déclarations, je présentai Adama de telle sorte qu'elle fût bien visible. Je voulais obliger Yacubu à la regarder. Regarde-la ! C'est ta fille. *Regarde-la, et nous verrons si tu as toujours le courage de mentir ! De la répudier devant tout le monde !* Mais Yacubu continuait de garder les yeux fixés sur le juge.

– Oui, murmura-t-il.

Le juge exigea une réponse à haute et intelligible voix.

– Oui ! répéta Yacubu.

Je le haïssais. Je voulais hurler. Je me contentai de serrer Adama dans mes bras. Peut-être un peu trop fort, d'ailleurs, car elle se réveilla et se mit à pleurer. Ses plaintes aiguës et désolées résonnèrent dans la salle. Avait-elle senti que son père venait de la renier, de me condamner à mort, et de la condamner à un avenir malheureux ?

Le juge, continuant de s'adresser à Yacubu, réclama toute son attention. Puis il se leva, et se tourna vers l'assistance en disant :

— Ne vous semble-t-il pas que cette petite est la réplique de son père, Yacubu, présent dans cette salle ?

Mon cœur se gonfla d'espoir. Ma fille était en train de me sauver. Le juge avait compris. Il était de mon côté. Soulevant Adama toujours en larmes, je la montrai à tous – au juge, à l'assistance, à Yacubu et à son frère. Un silence quasi absolu envahit la salle. Le juge, toujours debout, pointait le doigt sur Yacubu.

Au bout de quelques minutes, il lui demanda de bien regarder l'enfant ; et il lui reposa la même question :

— Confirmes-tu la déposition que je viens de lire ?

De nouveau le silence. Même Adama avait cessé de pleurer. On aurait dit qu'elle retenait son souffle, elle aussi, en attendant que son père se prononce.

Pour la première fois, je regardai franchement Yacubu. Il s'affaissait sur son siège. Et il se taisait. Son frère se pencha vers lui, mit la main sur son épaule et lui glissa un mot à l'oreille. Le juge réclama le silence. Yacubu dit alors :

— Oui, je confirme ma déposition !

La salle fut parcourue par un bourdonnement d'excitation. Je me sentis défaillir. C'était irréel, une telle chose pouvait-elle vraiment arriver ? Le juge ne le permettrait jamais. Il allait certainement demander l'incarcération de Yacubu. Comment pouvait-il mentir aussi effrontément ? Comment pouvait-il demeurer insensible à notre sort ? Moi qui m'étais donnée à cet homme !

Moi qui lui avais offert mon amour... Je fondis en larmes.

Le juge fit revenir le calme. Il déclara que j'étais condamnée. Il ne me restait d'autre possibilité que de faire appel devant la Cour suprême de la charia à Sokoto, aussitôt après la levée de l'audience s je le désirais.

La foule se dispersa. Je restai dans la salle déserte, effondrée sur mon siège, serrant contre moi le petit corps d'Adama.

— Safiya, allons-nous-en. Viens.

C'était mon père. Il m'avait accompagnée. À présent, il me tendait la main pour m'inviter à me lever. Nous avons repris le chemin de Tungar Tudu. Mais cette fois, je ne marchai pas derrière mon père. J'allai à ses côtés. Car il avait besoin de moi pour le guider. Mon pauvre vieux père... Mon père si faible, infirme, presque aveugle. Et pourtant si présent, si tendre, capable d'un tel amour qu'il me bouleversait.

Aucun mot ne fut prononcé durant le trajet de retour. Mais quand nous fûmes à la maison, avant de s'enfermer dans sa chambre de prière, il tint à me parler.

— Ne perds pas confiance, Safiya. Allah sait ce qu'Il fait. La sentence n'est pas encore tombée. Ce sera aux autres juges de décider. Attendons sereinement.

Ce propos eut sur moi un effet rassurant. Quand j'eus détaché Adama de mon dos, je la regardai une fois encore, et sa beauté me remit du baume au cœur. J'avais peur, certes. L'audience m'avait traumatisée. Mais je voyais l'espérance briller dans les grands yeux sombres de ma petite fille. C'était un espoir minuscule, mais solide. Je devais m'y cramponner. Pour la énième fois, je remerciai Allah de m'avoir donné cet enfant qui m'aiderait à ne pas perdre confiance.

Quelques semaines plus tard, un émissaire du tribunal se présenta à notre porte avec une convocation devant la Cour. Les débats s'ouvriraient le 3 juillet 2001.

Cette attente fut une nouvelle épreuve pour mes nerfs. Un rêve revenait sans cesse : tournée vers l'ouest, à l'opposé de La Mecque, je lançais des pierres dans le vide en pleurant de rage, jusqu'à finir à bout de forces, les mains et les bras insensibles ; je me réveillais en sursaut, épouvantée, en nage. Chaque matin, maman m'apprenait que j'avais crié dans mon sommeil.

Pour aller à Sokoto, il fallait trois grosses heures de route à travers la savane, dans un minibus bondé qui s'arrêtait à chaque village. Le 3 juillet, j'y montai avec Adama attachée dans mon dos, accompagnée par mon père qui, une fois encore, me soutenait.

Je connaissais Sokoto. Pourtant, ce matin-là, la ville me parut hostile. J'avais l'impression que tout le monde me reconnaissait, et que l'on me dévisageait avec mépris.

La salle du tribunal était comble. L'affaire devenait politique. Je ne comprenais pas grand-chose aux luttes de pouvoir, du reste elles ne m'intéressaient pas, mais je savais que certains politiciens étaient partisans de me voir condamnée. Extrémistes, ils militaient pour une application stricte de la loi islamique dans la région. D'autres, plus modérés, souhaitaient au contraire une interprétation tolérante de la charia, car ils craignaient de voir notre région se mettre en porte-à-faux vis-à-vis du reste du Nigeria.

Ce qui comptait à mes yeux, c'était mon propre sort. Suite à ses déclarations, Yacubu n'était pratiquement plus concerné par le procès. Il n'était même pas tenu de répondre aux convocations du juge. Cela me rendait plus furieuse encore. Je savais qu'il n'y avait rien à faire. Je devais concentrer toute mon énergie sur ma défense. C'était mon intérêt, et surtout celui d'Adama.

À mon arrivée au tribunal, je remarquai mon frère Mohammadu. Depuis quelques années, ses relations avec notre famille s'étaient détériorées. Il s'était marié. Il adhérait maintenant à un mouvement politique d'obédience islamique radicale. Quand il venait à la maison, il critiquait notre mode de vie et nous reprochait de ne pas respecter les principes musulmans. Il estimait que nous autres, les femmes, ne priions pas assez. Notre voile ne nous cachait pas suffisamment les cheveux. Nous sortions trop souvent de la maison. Il était même arrivé à Mohammadu de critiquer notre père ! C'était absurde. Cela nous avait tous indignés. Personne n'était plus respectueux de l'islam que notre père...

Naïvement, je m'imaginais que Mohammadu était venu me soutenir. Aussi le regardai-je, pensant que nous allions nous saluer. À ma grande surprise, il feignit de ne pas me voir. Poursuivant mon chemin, j'allai m'asseoir. La raison de sa présence dans ce tribunal, hélas ! devint claire dès l'ouverture de l'audience, quand le juge prononça son nom et le pria d'exposer les motifs et les circonstances de sa dénonciation.

Je me rappelle avoir tressailli en entendant ces mots.

Moi, Safiya, j'ai échappé à la lapidation

Ce fut comme recevoir un coup de couteau. Une dénonciation ? Quelle dénonciation ? Le juge voulait-il dire que mon frère était responsable de ce qui m'arrivait ? Lui, le petit Mohammadu à qui j'avais consacré de longues journées quand nous étions enfants ! Lui dont je m'étais tellement occupée ! Lui que j'avais tant surveillé et nourri ! Était-il possible qu'il m'ait trahie, moi sa sœur ? Il devait s'agir d'une erreur...

Mais Mohammadu se leva. Il parla comme investi d'une mission sacrée, accomplie pour le bien commun. Sûr de lui, sans laisser paraître la moindre émotion, il s'expliqua. Durant une de ses visites, il remarqua, dit-il, que j'étais enceinte. Il avait jugé qu'il s'agissait d'une violation de la charia, et que le fait devait être dénoncé au tribunal chargé de veiller au comportement religieux de la population.

J'étais sous la torture. Quand Mohammadu conclut, je le regardai en face. Mais lui m'ignora. Je songeai à mon père, présent dans les rangs de l'assistance. Aveugle, il n'avait pu voir en arrivant que Mohammadu était là. Puis il avait entendu ses paroles. Cette accusation portée contre sa sœur. Et son chagrin, maintenant, devait être immense. Je ne pus retenir mes larmes plus longtemps.

Ce ne furent pas les dernières. Le procès dura quatre mois. Quatre mois d'audiences éreintantes afin d'établir avec exactitude les faits et les circonstances. Je dus faire de nouvelles dépositions, parler de moi, subir une inquisition humiliante menée sans le moindre respect. Audience après audience, on me contraignit à révéler à des inconnus mes secrets les plus intimes. Je pouvais toujours répéter mes accusations envers Yacubu, elles n'avaient aucun sens puisqu'il niait notre liaison, et jusqu'au fait de me connaître. Ce que les juges exigeaient d'entendre à présent, c'était le nom d'un autre homme – le nom du « vrai » père d'Adama. Mais pouvais-je leur donner le nom d'un homme qui n'existait pas ?

Le procès s'acheva en octobre. Le juge décida alors de ne prononcer la sentence qu'après avoir consulté ses collègues et des sages.

Une fois encore, ce fut l'attente. Avec une différence cependant : je ne devais plus me bercer d'illusions. Les faits jouaient contre moi. J'étais tombée enceinte hors mariage, j'avais mis au monde Adama, par conséquent j'étais coupable d'adultère, sans l'ombre d'un doute. Mon destin reposait entre les mains d'Allah. J'attendis la sentence en priant, sans perdre confiance en Lui.

C'était le soir, des voix étouffées me parvenaient. Des feux brillaient alentour dans le village paisible où toutes les familles étaient réunies dans la paix et la sécurité. Toutes sauf la mienne.

Adama endormie dans mes bras, je réfléchissais. Au passé, au présent, à cet avenir qui m'effrayait.

– Safiya...

Mon père s'approchait. Sa voix était faible, ses traits marqués par le chagrin. Je compris aussitôt.

– Le tribunal ? La sentence ?
– Oui, ma fille. Je viens de l'apprendre...
– Alors ?

Moi, Safiya, j'ai échappé à la lapidation

Je connaissais la réponse. L'expression de mon père était éloquente. De même l'effort qu'il devait fournir pour maîtriser son émotion et sa peine. Les mots étaient inutiles. Sa main décharnée disait tout. Sa main qu'il avait posée sur la mienne pour me donner le courage de supporter cette nouvelle horrible, inconcevable, inhumaine...

– La peine capitale, Safiya. La lapidation...

C'était fini...

Inerte, passive, je ne pleurai pas. Je ne criai pas non plus. Je laissai mes parents m'embrasser. Je feignis de prêter l'oreille à leurs paroles de réconfort. Ils tentaient de me rassurer : tout n'était pas perdu, il existait une possibilité de recours, et Allah était infiniment bon.

Ils vont me tuer... Je n'arrivais à songer à rien d'autre. *Ils vont me tuer...*

Abasourdie, je me détournai d'Adama et de Aisha, la fille que j'avais eue avec Mohammed. Assise sur ma natte, je m'efforçais de réfléchir, mais c'était impossible. L'effroi que m'inspirait ce supplice dépassait toute volonté. J'allais être lapidée. Assassinée à coups de pierres. C'était épouvantable. *Je vais mourir... Je vais mourir...* Aisha dormait. Adama suçait son pouce. Ma petite fille, ma toute petite enfant si paisible, si pure... Comme si souvent au cours des mois précédents, c'est elle qui me permit de reprendre le dessus.

Je dois sauver ma vie. Le seul moyen de sauver ma vie, c'est de fuir... Il faut partir tout de suite. Profiter de la nuit. Demain, quand ils verront que j'ai disparu, je serai déjà loin... Vite, vite... Je dois quitter le village immédiatement...

Je me levai sans faire de bruit ni perdre une minute. Reprenant mes esprits, je me sentais déterminée. J'avais décidé d'emmener la petite Adama seulement. Aisha, elle, avait onze ans. Pour l'essentiel, elle saurait se débrouiller seule, et pour le reste, elle pourrait compter sur la famille. À présent que ma décision était arrêtée, je me sentais rassurée. Je prenais mon destin à bras-le-corps. Et Allah guiderait mes pas.

J'emplis deux petites outres avec de l'eau et du lait. Puis je préparai quelques vivres : de la viande séchée, un gâteau d'arachide, des aliments qui se conservaient longtemps. J'implorai Allah de me donner sa bénédiction. J'attachai Adama sur mon dos et sortis sur la pointe des pieds. Je quittai ma maison et mon village sans me retourner. Pour échapper à la mort, je laissais derrière moi toute ma vie.

11

Imam

J'avais fui dans la savane au péril de ma vie. C'était un acte inconsidéré. Mais cela ne m'apparut clairement qu'une fois chez mon oncle, à Jinjina. Là, après m'être restaurée et tranquillisée, je revécus mentalement ma longue équipée, ce voyage de quatre jours sans espoir ni destination.

Je songeai à ma détresse quand je m'étais sentie abandonnée, trahie, frappée d'une peine injuste. À ma terreur quand je m'étais retrouvée perdue dans la savane, sans eau ni nourriture. J'avais compris alors qu'Adama était condamnée à son tour si je ne me procurais pas au plus vite de quoi la nourrir. L'impuissance me paralysait ! Appeler au secours ? Au risque d'être dénoncée ? Il y avait eu cette longue marche titubante, ma faiblesse grandissante. Adama sur mon dos, plus lourde à chaque pas. Les chutes sur le sol rougeâtre, brûlé par le soleil comme ma gorge desséchée, comme mes yeux sans larmes. Mon désespoir quand j'avais vu s'éloigner ce berger avec son troupeau. Cet homme que je n'avais pu appeler de crainte d'être tuée. Pour sauver Adama, j'avais pris la décision de me cacher. Je revoyais la succession des jours et des nuits. La perte de toute orientation. L'épuisement... Et l'inimaginable : ce puits sur ma route quand j'étais à bout de forces. Le lent retour à la vie et à la conscience. Et ce signe, enfin : le baobab immense, arbre tordu, déformé. Vision magnifique. Vision du salut. Il indiquait la route de Jinjina... Les derniers mètres. Un pas après l'autre, une prière après l'autre... L'expression effarée des vieux assis devant les maisons, qui me regardaient passer en titubant, ma fille sur le dos. Les derniers efforts pour gagner la maison de mon oncle. Mon oncle m'ouvrant les bras.

Allah avait guidé mes pas. Cela ne faisait aucun doute. Sans Lui, nous aurions péri toutes les deux dans la savane.

Le lendemain, je suivis les conseils de mon oncle et je retournai à Tungar Tudu. Je retrouvai mes parents. Ils me croyaient à jamais perdue. Je décidai de ne plus les quitter, quoi qu'il arrive.

Cette fuite m'avait exténuée. J'avais agi impulsivement. Car si j'étais bien condamnée à être lapidée, la peine ne pouvait être exécutée tant que j'allaitais Adama, et tant que l'appel n'avait pas été jugé. Autrement dit, le jeu demeurait ouvert. Je devais lutter jusqu'au bout, sans céder à la peur ni au découragement. Pour cela, je n'avais pas de meilleur allié que ma famille. Je me demande encore aujourd'hui ce que je serais devenue sans leur soutien. La chaleureuse affection de tous m'était d'un grand secours – parents, sœurs, oncles, tantes et cousins éloignés : tous désapprouvaient la conduite de Mohammadu, cette dénonciation qui avait déclenché toute l'affaire, et m'avait si cruellement meurtrie. Je revoyais mon frère petit garçon, attaché sur mon dos comme à sa propre mère. Je me rappelais les mille gestes d'amour que je lui avais prodigués. Les longues heures avec lui, quand je le faisais jouer. Nous nous aimions alors. Pour lui, je sacrifiais ma propre enfance. Comment avait-il pu me trahir ainsi ? Yacubu, lui, était un étranger ! Son geste ne m'étonnait plus. Mais Mohammadu... Mon propre frère, le sang de mon sang... Je songeais au mal qu'il m'avait fait, c'était comme recevoir les coups de mon propre fils. Je ne l'avais pas revu depuis cette audience où il avait déclaré agir conformément à la justice. Je me demandais ce qui se passerait si nous venions à nous rencontrer à nouveau. Arriverais-je à lui parler ? Serais-je capable de lui pardonner ? Ces questions demeuraient sans réponse. J'exigerais des explications, certes. Mais quelles explications peut-on fournir pour justifier un tel geste ?

Les jours succédaient aux jours, empreints d'une insondable tristesse. Puis l'espoir me sourit de nouveau. Grâce à mon père, une fois de plus. Un matin, après la prière, il m'appela dans sa chambre.

– Safiya, me dit-il, notre famille est pauvre. Mais nous avons décidé de faire appel de la sentence. Cela va coûter cher. Il faudra payer un avocat. Cependant nous voulons nous cotiser. Tous. Même les cousins éloignés. Même les maris de tes sœurs. Nous irons à Sokoto chercher un avocat. Le meilleur que nous pourrons trouver. Allah a entendu mes prières. Il a rassemblé notre famille pour ta défense, et pour ton salut.

Safiya Hussaini Tungar Tudu

Plusieurs voyages à Sokoto permirent à la famille de se renseigner, et notre choix se porta finalement sur l'avocat Abdulkadir Imam Ibrahim, qui avait fait ses études à Lagos et exercé dans le nord du pays. Il savait jongler habilement avec les subtilités des législations, non seulement la fédérale, mais la traditionnelle aussi, et surtout l'islamique sur laquelle se fondait ma condamnation.

Lors du premier rendez-vous, j'étais profondément anxieuse. Je m'apprêtais à rencontrer l'homme qui avait le pouvoir de me sauver, et de permettre qu'Adama grandisse auprès de sa mère, éduquée et protégée par elle. Je me sentais intimidée, apeurée. Je venais d'un village de la savane. J'étais éloignée de tout ce qui avait trait aux questions légales, et le fait de rencontrer un avocat m'effrayait. Un homme de loi ! Certes un puissant personnage, mais qu'il me fallait d'abord et avant tout convaincre. S'il ne me croyait pas, il ne pourrait me défendre. Alors je serais perdue. Je craignais de lui faire mauvaise impression. De ne pas me conduire comme il faut. Et de perdre aussitôt, avant même de l'avoir conquis, sa confiance et sa sympathie. Mais je tenais à me montrer à la hauteur. J'y tenais de toutes mes forces. C'est seulement ainsi que j'arriverais à gagner ma bataille pour la vie.

Je rassemblai mon courage. Je priai Allah. Puis je me rendis chez l'avocat Ibrahim, accompagnée de mon père et d'une de mes sœurs.

Moi, Safiya, j'ai échappé à la lapidation

Abdulkadir Imam Ibrahim nous attendait, debout derrière son bureau, dans son étude envahie de livres et de dossiers. Jamais, de toute ma vie, je n'avais vu autant d'ouvrages et de feuilles imprimés. C'est pourquoi, sans doute, je pensai aussitôt que cet avocat était l'homme de la situation. Il devait avoir beaucoup étudié, et bien connaître les lois. Il saurait sûrement me sauver.

Imam, tout de suite, se montra scrupuleux. Il me pria de lui raconter avec précision ce qui s'était passé, et m'écouta attentivement, en prenant des notes. Je parvins à me détendre. Ce qui m'étonna agréablement, c'est que mon récit l'intéressait. Le détail n'était pas sans importance. En effet, nous vivons dans un pays islamique, et ici les femmes sont moins écoutées que les hommes, même quand on leur demande leur avis. J'avais encore en mémoire le souvenir brûlant d'une audience au cours de laquelle le juge ne m'avait même pas donné la parole.

Imam gagna ma confiance. Mon affaire semblait l'intéresser de plus en plus. Sa conclusion, au terme de ce premier rendez-vous, fut qu'il fallait présenter le recours en appel avant l'échéance du délai, c'est-à-dire immédiatement. Il nous donna un second rendez-vous pour le lendemain. Entre-temps, il rédigerait le recours. Il avait l'intention d'y travailler tout l'après-midi et toute la soirée. Il se démenait pour moi comme aucun étranger ne l'avait jamais fait.

Il nous accueillit le lendemain avec un large sourire, et nous présenta le document sur lequel il s'était appuyé pour formuler le recours en appel.

– Une longue bataille commence, ajouta-t-il. Une bataille qui n'est pas gagnée d'avance. Ceux qui voudraient remettre le pays entre les mains de l'intégrisme islamiste font pression. Ils luttent pour que la peine soit exécutée.

C'est seulement après avoir prononcé ces paroles qu'il alla s'asseoir derrière son bureau. Il se pencha alors vers moi et entreprit de m'expliquer certains points qui jusque-là m'étaient demeurés obscurs – la contamination des affaires de justice par la politique.

– Tu vois, Safiya, nous ne faisons le procès ni de l'islam, ni du Prophète, ni de notre Dieu. Allah ne veut sûrement pas ta mort. Il sait que tu es Sa fidèle servante. Mais ton affaire est devenue politique. C'est un affrontement. Certains se servent de la religion pour conquérir plus de pouvoir. Pour eux, tu n'es plus Safiya Hussaini Tungar Tudu, la mère d'une splendide petite fille. Tu es désormais un symbole. Si Safiya est lapidée, alors un groupe l'aura emporté. Si Safiya est sauve, alors c'est l'autre groupe qui gagne. Ce qu'il faut, c'est anéantir cette logique-là. Nous devons démontrer que les mécanismes de la vie politique ne doivent pas écraser les hommes !

Il parlait avec conviction, et je l'écoutais en essayant de me concentrer sur son raisonnement. Sa façon d'argumenter me fascinait. Il croyait à la victoire. Et je commençais à y croire fermement moi aussi. Cette impression se confirma quand il annonça :

– Nous allons réussir, Safiya. Maintenant, rentre chez toi. J'ai besoin de me plonger dans le dossier, de mettre au point une ligne de défense. Garde espoir !

Sur le seuil de la porte, il caressa d'une chiquenaude la joue d'Adama qui se mit à pleurer. Et tout le monde éclata de rire.

Moi, Safiya, j'ai échappé à la lapidation

Pour la première fois depuis bien longtemps, nous sommes rentrés à Tungar Tudu joyeux ; pour la première fois, je retrouvai le bonheur d'admirer le paysage – la savane ocre rouge, les baobabs que mon imagination métamorphosait lorsque j'étais enfant. Par la fenêtre du minibus, je voyais les bergers s'occuper des bêtes. Les femmes portaient de grosses charges en équilibre sur leur tête. Les enfants attendaient le passage des voitures pour s'élancer derrière elles en criant d'excitation.

Dans quelques années, pensai-je, Adama sera comme eux. Je l'éduquerai afin qu'elle joue plutôt à des jeux de petites filles. Puis viendra le jour où il me faudra lui dire qu'une femme a le devoir de porter le voile, et de se préparer à se vouer entièrement à sa maison et à sa famille... Et puis... Je m'arrêtai là. Comme c'était frappant ! Voilà que je me remettais à songer à l'avenir. Un avenir qui avait tout bonnement cessé d'exister le jour où ma peine avait été prononcée. Cet avenir qui m'avait été volé se profilait de nouveau à l'horizon. Maintenant que je connaissais Imam, l'espoir l'emportait sur la peur.

Sur la piste, un enfant agita la main en guise de salut. Un autre bon présage, pensai-je... Je répondis à l'enfant d'un sourire. Puis je baissai les yeux vers Adama. Bercée par les cahots du minibus, elle s'était endormie tranquillement.

Dors, chérie. Tu en as bien le droit. Ce n'est pas la peine d'avoir peur. Ta maman non plus n'a plus peur.

Safiya Hussaini Tungar Tudu

Ta maman a de nouveau le droit d'espérer. C'est magnifique, de pouvoir espérer. L'espoir ouvre le cœur, rend plus fort, aide à continuer. Un jour tu le comprendras, toi aussi. Mais pour le moment, dors, chérie, et fais de beaux rêves...

12

Présages

Depuis ma rencontre avec Imam, il m'était à nouveau agréable de vivre dans la maison de mes parents. Certes, je n'étais pas encore tirée d'affaire puisque la menace de lapidation pesait toujours, mais une autre perspective existait.

Mes parents me couvraient d'attentions, et mon père, en particulier, y mettait une telle tendresse que cela me faisait fondre en larmes. C'était incroyable ! Lui qui toute sa vie avait mesuré le moindre de ses propos, au point que j'avais pu me sentir privée du son de sa voix, se montrait subitement bavard ! J'ignorais s'il fallait attribuer un tel changement à sa maladie des yeux – il avait pratiquement perdu l'usage de la vue –, ou au nouveau climat de solidarité qui réunissait désormais la famille autour de mon affaire. Ils étaient plein d'entrain, et j'avais parfois le sentiment d'être défendue par un bataillon de soldats !

Même maman avait changé. Elle autrefois si peu encline à exprimer son affection ! De temps en temps, elle se chargeait de tous les travaux de la maison sans m'en laisser aucun ; si c'était moi qui cuisinais, elle me complimentait pour les plats que j'avais préparés.

Adama et Aisha complétaient à merveille ce tableau harmonieux. On dit qu'une maison sans enfants est une maison sans joie, et je comprenais combien ce proverbe était vrai. À onze ans, Aisha percevait intuitivement que nous traversions une période cruciale, et faisait son possible pour se rendre utile ; elle allait même jusqu'à me réclamer du travail. Quant à Adama... Eh bien ! elle était un don de Dieu. Aimée de tous, pleine de douceur, vive et calme à la fois, elle nous réjouissait de ses sourires, et pour ainsi dire ne pleurait jamais. Ses yeux noirs expressifs et lumineux se fixaient sur vous dès que vous vous approchiez d'elle, et son visage aussitôt s'illuminait d'un grand sourire. J'étais heureuse de l'avoir auprès de moi, de veiller sur elle, de la caresser, de lui parler – tout cela me stimulait et me rendait optimiste. Je songeais quelquefois à la pichenette qu'Imam lui avait donnée sur la joue. Adama s'était mise à pleurer, car cet homme était si différent de ceux qu'elle rencontrait au village ! Mais j'espérais qu'elle aussi finirait par l'aimer, comme nous tous.

Ces pensées me traversaient l'esprit durant mes longues périodes de réflexion – des détails a priori de peu d'importance. Peut-être était-ce ma façon de m'ouvrir à l'espoir. Ces petites choses de tous les jours me permettaient d'oublier mon cruel destin, et cela grâce à Imam. Son rôle dans ma vie était désormais essentiel.

Maman m'apprit un jour que Safiya, mon amie d'enfance, allait bientôt venir à Tungar Tudu pour me rendre visite. Cette nouvelle me transporta de joie, et renforça encore une confiance en l'avenir.

Safiya... Son visage charmant me revint en mémoire. Je la revoyais écarquillant ses grands yeux quand je lui racontais une histoire de mon invention. Je me rappelai le jour de mon mariage, quand elle était apparue sous notre arbre au moment où je me rendais chez Yussuf ; elle m'avait saluée, et je n'avais pu me retenir de pleurer. Après, je ne l'avais plus jamais croisée. J'ignorais ce qu'elle était devenue. S'était-elle mariée ? Avait-elle des enfants ? Était-elle heureuse ? Ou la vie lui avait-elle apporté, comme à moi, malheurs et chagrins... Nous allions nous retrouver ! La chose me semblait impossible, comme si notre amitié n'avait été qu'un rêve. Tout cela était si loin ! Peut-être ne nous étions-nous jamais connues. Mais non. Safiya existait pour de bon. Safiya mon amie. Ma confidente.

Je fus chagrinée qu'elle ne ressemble plus à la Safiya d'autrefois – la Safiya mince, jolie et curieuse avec laquelle j'avais joué enfant. Son visage était marqué par deux rides profondes qui lui creusaient les joues. Son voile et sa robe couvraient un corps qui avait beaucoup grossi. J'avais devant moi une adulte marquée par le poids des années et cinq grossesses. Elle portait encore son petit dernier attaché sur son dos, bien qu'il soit âgé de deux ans, grand et déjà lourd. Nous nous sommes embrassées longtemps, sans rien dire. Notre âge, nos soucis d'adultes nous empêchèrent d'évoquer nos souvenirs. Safiya n'avait pas connu les mêmes vicissitudes que moi, mais la vie n'avait pas été tendre avec elle non plus. Elle s'était mariée dans un village assez éloigné de Tungar Tudu. Son époux ne l'avait pas répudiée, mais traitée durement. Nous étions seules, aussi s'abandonna-t-elle aux confidences. Son mari la frappait souvent en présence des enfants. Sa belle-famille ne la respectait pas, et la couvrait de reproches. J'écoutai ce récit, les larmes aux yeux. Comme j'étais bouleversée, elle changea de sujet et m'interrogea sur ma situation. Je lui racontai mon histoire. Tandis que je parlais, elle hochait la tête pour me faire comprendre qu'elle savait déjà tout. À la fin, nous nous sommes de nouveau longuement embrassées. Quand elle s'en alla, je la regardai tituber sous le poids de son fils. Une fois encore, j'en eus les larmes aux yeux. Safiya ne me l'avait pas dit, mais je devinais qu'elle avait préféré venir sans en parler à son mari, de crainte d'être battue. Car une fidèle épouse islamique ne parle pas à une femme adultère condamnée à la lapidation.

Mes rêves aussi redevinrent optimistes. La nuit, mon esprit n'était plus visité par cet affreux cauchemar où je lançais des pierres dans le vide, ni par cet autre, plus glaçant encore, plus significatif : des bandes d'enfants qui hurlaient et martyrisaient un serpent à même la terre ocre rouge. Au contraire, je rêvais de paix. Ou bien je revivais des épisodes du passé. Un soir, alors que je m'étais couchée après avoir bavardé avec mes parents plus longtemps qu'à l'ordinaire, je fis un songe merveilleux, riche en présages favorables. Adama s'était endormie sur mon sein. Je l'avais installée près de moi et, tandis que j'écoutais sa respiration régulière, je glissai aussitôt dans le rêve.

Moi, Safiya, j'ai échappé à la lapidation

Il se passait dans une ville qui était peut-être Sokoto. L'aube n'était pas encore levée, et j'errais par les rues encore désertes. À un moment, je sentis que je devais réveiller tous les jeunes. Je faisais irruption dans leurs maisons, et avec conviction, je leur disais qu'Allah les appelait. Ils me suivaient. Nous allions dans un champ où je leur demandais de réciter par trois fois la prière du Prophète. Après quoi la lumière inondait le champ. Je m'élevais dans le ciel, emportée par quelque chose que je ne pouvais définir. Je me trouvais ensuite en présence d'un groupe d'hommes blancs qui écrivaient d'un air absorbé, conscients de l'importance de leur tâche, tout en parlant entre eux à voix basse. Ce qu'ils chuchotaient, je n'arrivais pas à le comprendre. Respectueuse, je restais sans bouger, certaine qu'ils n'allaient plus tarder à s'aviser de ma présence. En effet, au bout d'un moment, alors qu'ils terminaient leur travail, ils se rendaient compte que j'étais là. Ils ne paraissaient pas surpris le moins du monde. Ils avaient même l'air de m'attendre. Le plus âgé me demandait alors :
– Tu es Safiya ?
– Oui...
– Va, il ne t'arrivera rien.
Interloquée mais apaisée, je remontais sur mon mystérieux objet volant, et celui-ci m'emportait à nouveau dans le ciel et la lumière. Une fois de plus, je me posais au milieu d'un groupe d'hommes, des Arabes cette fois. Eux aussi étaient occupés à écrire. Ils consultaient d'épais volumes aux pages jaunies. Comme précédemment, j'attendais avec confiance. Ces hommes, pas plus que les autres, ne s'intéressaient à moi. À en croire les livres et les papiers auxquels ils se référaient, le pro-

blème était d'importance. Finalement, le plus vieux se levait. Aussitôt, les autres se taisaient. Le vieillard qui tenait entre ses mains le Livre sacré me regardait comme pour m'annoncer une bonne nouvelle. Lui aussi me demandait :
— Tu es Safiya ?
— Oui...
— Va, il ne t'arrivera rien.

C'est sur ce « rien » que je me réveillai. C'était une nuit claire, la lune brillait. Je me sentais sereine, en paix avec moi-même. Près de moi, Adama respirait tranquillement. Rêvait-elle aussi ? Peut-être se voyait-elle en songe jouer avec d'autres enfants. Je l'observais, pleine d'admiration pour son infinie beauté.

Mes yeux parcoururent la pièce. Mon rêve, ma fille, les objets et les ustensiles accrochés aux murs me rassuraient. Des récipients, des casseroles, des outres pour l'eau. N'étaient-ils pas la preuve que ma vie allait continuer ? Sur cette pensée, je me rendormais.

Le lendemain se produisit un événement, inattendu et désiré à la fois, qui m'emplit de bonheur. Je m'étais réveillée ce jour-là tout ensommeillée, avec l'envie de dormir encore un peu. Adama n'avait pas encore ouvert les yeux, pourquoi ne pas en profiter ? Plus tard, alors que je m'habillais, je me remémorai mon rêve. Encore des présages favorables ! me dis-je. J'étais confiante. Et je ne tarderais pas à l'être plus encore, car ce qui m'attendait était merveilleux.

Je trouvai ma mère dans la cour, et notai qu'elle préparait le déjeuner avec plus d'attention que d'ordinaire.

Moi, Safiya, j'ai échappé à la lapidation

Elle prévoyait aussi une plus grande quantité de nourriture. En me voyant, elle sourit. Elle était radieuse. Elle oublia même de me dire bonjour, tant elle était pressée de m'apprendre la nouvelle :

– C'est un grand jour, Safiya ! Nous attendons la visite de ton frère Mohammadu !

Je ne saurais dire si c'est la surprise ou l'inquiétude qui me frappa le plus. Mohammadu... Que voulait-il encore ? Cela ne lui suffisait-il pas de m'avoir dénoncée ? C'était par sa faute que j'étais condamnée ! Quel besoin avait-il de venir troubler notre quiétude ? Mais maman souriait. Il n'y avait donc rien à redouter. Aucun danger ne nous menaçait. Cependant j'étais anxieuse. Ma première pensée fut pour Adama. Je voulais que Mohammadu la voie. Je la cherchai des yeux. Comme toujours, elle jouait tranquillement, assise par terre dans la cour non encore balayée. La petite me sourit, m'invitant à jouer avec elle. Je voulus la rejoindre, mais ma mère me retint.

– Attends, Safiya. Sois sans crainte. Mohammadu vient te présenter ses excuses. Il regrette. Il veut réparer son geste. Ce matin, de bonne heure, il a envoyé un de ses fils annoncer sa visite. Il vient faire la paix et demander pardon.

C'était inattendu. Je remerciai Allah car c'était un signe clair de Sa bienveillance. Songeant encore une fois à mon rêve, je pris la venue de Mohammadu pour un bon présage. Dieu commençait peut-être à mettre de l'ordre dans mon existence. Il m'annonçait que le temps de la souffrance, du chagrin et de l'abandon était fini. Il me félicitait d'avoir surmonté avec succès, comme Il l'avait voulu, les épreuves imposées.

Le soleil se levait, à présent. Au fil des heures, mon désir de revoir Mohammadu se faisait plus pressant. Je souhaitais l'accueillir avec chaleur, sans rancune ; je lui avais déjà pardonné, il n'était pas nécessaire d'en dire beaucoup plus. Nous allions manger tous ensemble, partager le même repas, à nouveau réunis et plus proches que jamais.

J'étais dans la cour avec Adama quand j'entendis grincer le portail de bois. Je me retournai. Mohammadu était là. Il s'immobilisa en me voyant. Pour chasser sa gêne, je m'avançai vers lui en lui ouvrant les bras. Il fit de même. Je l'embrassai sur la joue. Il me dévisagea. Il était plus maigre que dans mon souvenir. Son visage décharné se creusait de rides profondes. Je mesurai combien ce geste lui coûtait. Aussi, sans lui laisser le temps de parler, je l'embrassai encore. Il finit par trouver les mots qui convenaient :

— Je te demande pardon, Safiya, dit-il, embarrassé. On m'a poussé à te dénoncer. Des membres de mon groupe. Ils voulaient voir s'appliquer la charia dans toute sa rigueur. Je ne participerai plus à leurs réunions...

— Ne parle pas, dis-je. N'en dis pas plus. Ça ne sert à rien...

Je le regardai dans les yeux. Serrant sa main dans la mienne, je le conduisis à Adama qui était assise dans un angle de la cour. Elle nous observait de loin. Ses yeux sombres étaient immenses. Elle décida de venir à notre rencontre, et je la pris dans mes bras pour lui donner un baiser.

Mohammadu la fixait maintenant d'un regard brillant. Et Adama, comme si elle fût consciente de l'importance de cette visite, lui offrit son plus attachant sourire.

— Alors ? dis-je. Elle est belle, l'enfant de mon péché ?

Mohammadu acquiesça. Il caressa la petite.

Maman nous rejoignit pour nous emmener dans la chambre où attendait notre père.

Il était aveugle, désormais. Il accepta de bon cœur le salut de Mohammadu.

— Je suppose que vous vous êtes déjà parlé, déclara-t-il. De toute façon, il n'y a pas grand-chose à en dire. C'est la volonté de Dieu qui s'accomplit. Dieu a voulu que nous soyons réunis.

— Père, je me suis sincèrement repenti d'avoir dénoncé Safiya ! s'exclama Mohammadu. Mais sans preuves, le repentir et le chagrin ne suffisent pas. Je suis venu t'offrir ma contribution à la dépense, pour l'avocat.

Mon père accueillit ce propos avec une satisfaction évidente qu'il exprima comme doit le faire un bon musulman :

— *Allah akbar !*

Dieu soit loué ! répétai-je du fond du cœur.

Oui, il convenait de louer Dieu et de Le remercier, aujourd'hui plus que jamais.

13

Le monde doit savoir

Le procès en appel s'ouvrit fin octobre. Je me rendis d'abord au bureau d'Imam, avant de gagner le tribunal avec lui. Comme toujours, j'avais pris Adama avec moi. Je savais qu'elle ne serait d'aucun poids sur le plan légal, mais je pensais qu'après l'avoir vue, ceux qui voudraient me condamner ne pourraient le faire sans mauvaise conscience. Humainement et moralement, Adama était ma carte maîtresse.

Une fois dans la salle, je me sentis assez calme. Imam m'avait expliqué que les juges ne me poseraient aucune question. Ma présence était seulement nécessaire pour l'ouverture du procès. Il m'avait aussi dit qu'à ce stade de la procédure, le tribunal ne se souciait plus de vérifier les faits. Désormais, tout reposait sur l'interprétation de la loi. Imam espérait trouver un stratagème, une subtilité légale sur laquelle appuyer sa stratégie de défense.

Son raisonnement était clair. La preuve de mon péché, je la portais dans mes bras. Adama n'avait pas un an et je n'étais divorcée que depuis trois ans. Il était inutile de chercher plus loin.

L'audience fut déclarée ouverte, puis levée dans la demi-heure qui suivit. Les juges se contentèrent de vérifier mon identité. Ils s'assurèrent aussi que je souhaitais bien faire appel du jugement qui avait prononcé ma culpabilité. Et ils conclurent en m'informant que ma demande était acceptée.

Imam me raccompagna au minibus qui devait me ramener à Tungar Tudu. Il pensait pouvoir trouver dans le Coran, disait-il, l'élément susceptible d'asseoir ma défense. Telle était la marche à suivre si nous voulions mettre les magistrats dos au mur. Nous avions affaire à des juges islamiques, à des hommes qui appliquaient la charia : ils ne résisteraient pas devant un argument religieux convaincant. Mais les juges connaissaient bien la loi, et notre attaque devait être imparable.

— Tu ne dois pas t'inquiéter, Safiya, conclut-il avec un sourire. Je suis très confiant. Cela dit, ce ne serait pas plus mal si on leur mettait un peu la pression au niveau politique...

Sur ces mots, il me dit au revoir et caressa la joue d'Adama qui, cette fois, lui sourit.

Pendant le voyage du retour, je repensai à cette phrase qu'il avait prononcée presque distraitement. *Si on leur mettait un peu la pression au niveau politique...* Qu'avait-il voulu dire ? Quoi qu'il en soit, il était inutile de rien espérer de tel. Qui voudrait s'intéresser à la tragédie d'une malheureuse villageoise perdue au milieu de la savane africaine ?

Nous arrivâmes à Tungar Tudu à la tombée du soir, et mon existence reprit aussitôt son cours, rythmée par les mêmes habitudes : les travaux de la maison, Adama, Aisha, les longues heures passées à réfléchir, et l'interminable attente. Je savais que le procès pouvait durer des mois. Imam d'un côté, les juges et leurs consultants de l'autre, confronteraient arguments religieux et arguments légaux.

De temps en temps, Imam me faisait parvenir des nouvelles par l'intermédiaire d'un villageois de retour de Sokoto. J'avais ainsi des informations sur le déroulement des séances, sur la façon dont étaient accueillies ses objections, sur l'attitude des juges ou sur les dates des prochaines audiences. À chaque nouveau message, Imam s'efforçait de me rassurer, et c'est en définitive ce qui me faisait le plus plaisir. Il continuait de croire en une issue favorable, disait-il, et cette confiance m'était précieuse.

Oui, ma situation était en train de changer, et mon père me le confirma un matin. Il me fit venir dans sa chambre. Comme toujours, il me prit la main et m'informa qu'on lui avait adressé une étrange demande.

– Un homme est venu d'Abuja. Il travaille là-bas. Et il voudrait te parler, Safiya.

Un homme venu de la capitale exprès pour s'entretenir avec moi ! Je songeai à une personne chargée par Imam de m'apporter des nouvelles du procès, ou à même d'exercer sur les juges cette fameuse « pression » à laquelle il avait fait allusion.

– Je veux bien le voir, père. Si tu es d'accord...

– Attends, Safiya. Je ne t'ai pas tout dit. Cet homme est un journaliste. Il travaille pour une grande télévision anglaise. Il souhaite t'interviewer. Ce que tu vas lui répondre parviendra aux oreilles d'un très grand nombre de gens.

Dans ce cas, c'était non. Je refusais de parler à cet homme.

— Non, père. Je ne veux plus raconter mon histoire à des inconnus. Je n'ai pas envie que ma tragédie soit connue partout, c'est déjà assez humiliant de devoir la donner en pâture au village et à Sokoto. Combien j'ai souffert n'intéresse personne. Je suis sereine, en ce moment. Et si je réponds à ce journaliste, tout changera une fois de plus. Notre famille risque de ne plus pouvoir vivre en paix. Je ne lui parlerai pas !

Je pensais que mon père m'approuverait mais, contre toute attente, il n'en fut rien.

— Safiya, ce n'est jamais bon de prendre des décisions précipitées. Le fait de rencontrer cette personne pourrait être utile au procès. Ce qu'il faut faire, c'est demander à Imam ce qu'il en pense. Lui nous sera de bon conseil.

Je me rangeai à ce point de vue, et le soir même une femme du village qui partait le lendemain matin pour Sokoto se vit confier un message destiné à Imam. La réponse nous parvint avec le retour du minibus.

Pour l'avocat, la réponse ne faisait aucun doute : il fallait absolument accepter. Oui, je devais rencontrer ce journaliste et tout lui raconter. C'était une occasion d'informer le public. Et c'était d'une grande utilité pour le procès.

J'avais espéré une autre réponse. À nouveau, j'allais devoir décrire des événements sur lesquels j'aurais préféré ne pas revenir. À ce stade de ma vie, je voulais seulement regarder vers l'avenir, espérer et nourrir mon optimisme. Cet homme allait m'obliger à rouvrir des blessures douloureuses, jamais cicatrisées.

J'ignorais encore que cette rencontre marquerait le chemin de mon salut et de ma rédemption définitive.

Sani Umar : c'était le nom du journaliste. Il vint à la maison un matin de bonne heure, et mon père le reçut juste après sa prière.

Je m'étais dépêchée d'aller faire les courses, et je sus dès mon retour que le visiteur était là. En effet, des bandes d'enfants curieux et excités s'agglutinaient à l'entrée du village, là où était garé un véhicule tout-terrain.

Entrant dans la cour, je le trouvai assis en compagnie de mon père. C'était un homme d'une quarantaine d'années, un Nigérian du Nord, comme moi. Il m'expliqua qu'il avait fait ses études à Lagos, et travaillait pour la BBC. Il avait un regard franc et des manières aimables. Mais ce qui m'étonna le plus chez lui, qui se disait très croyant, c'est cette attitude que je n'avais observée jusque-là que chez Imam : il s'adressait directement à moi. Il enfreignait la règle islamique selon laquelle une femme devait obligatoirement s'effacer en public, et laisser les autres s'exprimer en son nom. Sani s'entretenait avec moi en me regardant dans les yeux. Il m'appelait par mon nom. Et tout cela avec tant de naturel que ni moi ni mes parents qui assistèrent à l'entretien ne nous sentirent gênés ou offensés le moins du monde. La situation pourtant était fort singulière.

Avant de commencer l'interview, Sani Umar expliqua que l'émission serait diffusée dans le monde entier, et

Moi, Safiya, j'ai échappé à la lapidation

que c'était un élément positif. Puis il marqua une pause, me regarda dans les yeux, et ajouta :

— Safiya, si l'opinion publique vient à apprendre ce qui t'arrive, le sort horrible qui t'attend, les juges auront à subir une pression très forte. Une pression internationale. La lapidation est une pratique inhumaine, et une peine forcément trop lourde eu égard à la faute qui t'est reprochée. Tu verras que cette interview te sera utile. Je comprends que tu la vives comme une torture supplémentaire. Mais je ne suis pas un juge. Avec moi, tu peux choisir ce que tu souhaites ou ne souhaites pas raconter. Je n'insisterai pas. C'est promis. Tu diras seulement ce que tu veux dire.

Il m'avait convaincue. Il représentait un monde qui s'étendait au-delà du village, de la savane, des bergers et même de Sokoto. C'était un autre univers, peuplé de gens différents, capables de m'aider sans même me connaître. C'est alors que je réalisai... N'était-ce pas à cela qu'avait fait allusion Imam quand il m'avait parlé de « pression » et de « politique » ? Si le monde s'indignait de ma condamnation, alors cela influencerait les juges, et beaucoup plus efficacement que le visage innocent de ma petite Adama. Combien j'avais été naïve !

Pour la première fois, je pris conscience que mon affaire était véritablement devenue publique, et que juges et politiciens y jouaient une partie serrée.

Je parlai avec Sani dans la cour jusqu'à la tombée du soir, et me confiai avec une facilité qui me surprit moi-même. Je lui racontai tout, sans omettre aucun détail et sans le moindre embarras. Je mentionnai même ce que j'avais cru devoir taire. À la fin de l'interview, le journaliste me remercia, et il m'assura qu'il en ferait bon usage. Au moment de partir, il me sourit.

— Je suis sûr que tu seras acquittée, Safiya. Je n'ai pas de doute là-dessus.

Je l'observai depuis la cour, tandis qu'il s'éloignait dans la lumière rouge du crépuscule. Je savourais encore cette nouvelle et précieuse bouffée d'optimisme quand une petite voix s'éleva derrière moi :

— Maman ! Tu viens ?

Je me retournai. C'était Adama. Elle me tendait les bras, et son sourire n'était que le simple écho des paroles de Sani.

Je courus rejoindre ma fille. Je la serrai contre mon cœur.

— On va réussir, chérie. Tu verras. On va réussir.

14

Sauvée

Je n'assistais toujours pas aux audiences, mais Imam continuait de me tenir informée du déroulement du procès par des messages que m'apportaient les villageois de Tungar Tudu. Il poursuivait avec les juges de pointilleuses discussions qui nécessitaient l'intervention d'experts. Le résultat de ces débats était publié dans la salle d'audience et enregistré sur des actes. Enfin, si nécessaire, on faisait venir d'autres consultants.

Vu de Tungar Tudu, ce n'était plus la vie d'une femme qui était en jeu, mais toute une conception du monde. Ce qui confirmait l'opinion d'Imam et de Sani Umar : mon procès était devenu une affaire politique.

Cela m'irritait. J'aurais préféré voir les débats se concentrer sur la question qui me tenait le plus à cœur : ma petite Adama était-elle une faute ? Était-il sage de lapider une femme qui avait cru à une promesse de mariage, puis s'était retrouvée enceinte ? Était-ce vraiment ce que voulaient Allah et le Prophète Mahomet ?

Ma vie était rythmée par l'attente des messages d'Imam, jusqu'au jour où celui-ci me convoqua enfin, annonçant qu'il avait une communication à me faire. Je trouvai cela très étrange. Imam, d'habitude, me faisait venir à Sokoto quand je devais être présente à l'audience. Peut-être allait-on prononcer la sentence... Peut-être l'affaire se présentait-elle mal... Peut-être...

C'est la tête pleine de doutes que je me mis en route le lendemain. Imam m'accueillit avec un large sourire, ce qui me tranquillisa. Lorsque je fus assise, il ne dit rien. Il se contenta de me montrer une pile de journaux étrangers. Bien que je ne sache pas lire l'alphabet occidental, je sais reconnaître mon nom. Aussi je compris qu'il était question de moi dans ces publications. Incrédule, j'appris de la bouche d'Imam qu'elles venaient d'Europe, des États-Unis et d'autres pays africains. L'avocat, en disant cela, rayonnait.

– Ils disent que je suis acquittée ? demandai-je.

– Non, Safiya. Tu n'as pas encore été acquittée. Mais toute cette presse, c'est un élément important. Un élément qui joue en ta faveur. Le monde sait ce qu'il t'arrive. L'injustice qui risque de te frapper. Et le monde proteste. Il veut te sauver !

Le monde voulait me sauver ! J'en demeurai abasourdie. On prenait tellement mon affaire à cœur que même les journaux en parlaient ! Comment était-ce possible ? Jusque-là, je n'avais jamais eu besoin de m'intéresser à ce qui se passait hors de Tungar Tudu et de ma région. Sokoto me semblait déjà une ville bien lointaine, difficile à saisir, à comprendre. Même le sud du Nigeria faisait figure pour moi de pays étranger, alors que j'y avais vécu une brève période pendant mon troisième mariage. Ma vision du monde n'avait pas dépassé ces frontières. Certes je n'ignorais pas qu'il existait d'autres pays beaucoup plus riches et développés, où vivaient des gens à la peau blanche qui n'avaient aucun besoin de nous autres, peuple de bergers habitant les savanes. Et voilà qu'ils s'occupaient de moi ! Pourquoi ? Je n'arrivais pas à me l'expliquer. Mais je voyais qu'Imam en était content. Autrement dit, je devais leur être reconnaissante.

Je demandai à Imam de me traduire les articles, et leur contenu me bouleversa. Non seulement ces étrangers s'intéressaient à moi, mais ils se souciaient aussi d'Adama. Dans l'un des journaux, on expliquait que si la peine venait à être exécutée, ma petite se retrouverait privée de maman. Non seulement on lapidait une innocente, poursuivait l'auteur de l'article, mais deux vies étaient détruites par le truchement d'une seule sentence. J'en avais les larmes aux yeux. Mes mains se serraient sur ma poitrine. Oui, oui, c'était exactement cela... Exactement ce que j'aurais moi-même voulu déclarer au procès. Ces paroles que j'aurais souhaité prononcer. Mais je n'avais pu m'exprimer, alors je m'étais tue. Et voilà que ces gens, maintenant, étaient mes porte-parole. Ils donnaient une voix à celle de mon cœur !

Ces inconnus me connaissaient ! J'avais envie de remercier chacun d'eux. Mais je n'arrivais pas à me les représenter. Où dormaient-ils ? Que mangeaient-ils ? Qui étaient-ils ?

Imam était aux anges. Il m'expliqua que tout serait plus facile maintenant. Les juges seraient obligés de bien réfléchir avant de confirmer la sentence de lapidation. Oui, tout était si clair à présent, si rassurant... Il y avait pourtant un détail...

— Imam, comment le monde en est-il venu à me connaître ?

Il sourit.

— C'est grâce à l'interview réalisée par Sani Umar. Ce journaliste de la BBC que tu ne voulais pas rencontrer. Il a été le premier à raconter ton histoire.

Sani... Cet homme au visage aimable et souriant. Je le revoyais passant le portail du jardin. Il disait n'avoir aucun doute sur l'issue du procès : je serais acquittée. J'avais envie de le remercier, et à travers lui tous ces inconnus qui, aux quatre coins du monde, refusaient ma condamnation. Mais Sani n'était pas là. Je ne savais même pas si je le reverrais jamais. À défaut, c'est Imam que je remerciai.

— Nous avons maintenant de bonnes raisons d'être optimistes, me répondit-il. Rentre chez toi et profite de ton succès. Parles-en aux tiens. À ton père, surtout. Il a tellement prié pour toi !

Dans le minibus, je me sentais troublée. Les yeux du monde étaient posés sur moi, et j'en éprouvais autant de gêne que de plaisir.

Tout était si étrange, désormais... On avait appris l'existence de Safiya Hussaini Tungar Tudu, pauvre habitante d'un village perdu dans la savane nigériane. J'étais devenue célèbre. Pourtant, les hommes et les femmes qui voyageaient avec moi n'en savaient rien. J'étais l'une des leurs, voilà tout. J'étais comme eux et ils étaient comme moi. Ils ne lisaient pas les journaux. Ils ignoraient tout de ce qui se passait au-delà de leur horizon, lequel se confondait avec leur village, leur troupeau de chèvres ou de chameaux, la savane. Je regardai autour de moi. Après s'être taillé une petite place dans le minibus bondé, chacun pensait à ses affaires. Deux femmes poursuivaient une conversation animée. Un enfant pleurnichait dans les bras de sa mère. Ils ignoraient tout de moi, et rien n'était plus normal. Ils avaient d'autres soucis en tête. En même temps, les personnes qui s'étaient mobilisées pour me défendre l'avaient fait sans me connaître ou m'avoir jamais vue. Tandis que les gens de chez moi, ces voyageurs ou les habitants de mon village, n'avaient jamais songé à s'élever contre ma condamnation. C'était triste. Mais je n'en éprouvais aucune rancœur. Je n'avais rien à reprocher à quiconque. Je voulais seulement remercier Allah de ce qui arrivait. Je me sentais devenir une autre femme. Je commençais à comprendre que l'univers était un tout, que nous étions tous liés les uns aux autres. Et si mon procès venait à trouver une issue favorable, cela éviterait peut-être à d'autres femmes de se retrouver dans la même situation.

C'était là une raison de plus de lutter jusqu'au bout. J'étais sûre maintenant qu'Allah Lui-même voulait me voir remporter cette victoire. Les événements qui s'étaient succédé au cours des dernières semaines ne pouvaient être le fait du hasard. Ils relevaient forcément de la volonté divine. Les épreuves que j'avais dû endurer prenaient un sens nouveau, et j'étais fière de les avoir surmontées avec succès.

Bien sûr, tout pouvait encore arriver. La condamnation, et la lapidation. Mais cela m'apparaissait comme lointain, plus supportable aussi car ma mort avait des chances de laisser un écho, et de déclencher des protestations internationales. En un sens, même s'il fallait mourir, la victoire restait de mon côté. Seule Adama aurait à souffrir de mon départ, pensai-je tristement. Elle, si vulnérable, verrait fouler aux pieds le droit qui était le sien d'avoir une mère auprès d'elle, au-delà de toute considération politique.

À Tungar Tudu, mes parents attendaient anxieusement mon retour. Pendant le dîner, ils voulurent savoir ce qu'Imam avait de si important à me communiquer. Je leur racontai tout. Je leur parlai de notre entretien, des journaux étrangers et de l'incroyable mouvement de solidarité internationale déclenché par Sani Umar. Je leur confiai aussi mes états d'âme et leur fis part des réflexions qui m'étaient venues en route. Mais il leur suffisait de me voir contente et résolue. Quand vint l'heure d'aller dormir, mon père rendit gloire à Dieu et dit :

— Si Allah a voulu tout cela, c'est qu'Il a Ses raisons. Nous, nous ne sommes que Ses fidèles serviteurs. *Inch Allah.*

Ma vie, de nouveau, avait repris un rythme normal, à ceci près que des journalistes, toujours plus nombreux, se pressaient désormais à Tungar Tudu. Tous voulaient me parler. Tous voulaient m'entendre raconter mon histoire. Imam m'avait préparée à cette éventualité. Il m'avait recommandé de me montrer disponible. C'était en effet une bonne chose que d'informer sur mon affaire le plus grand nombre de gens possible. Aussi avais-je décidé de dire oui aux reporters, et de répondre à leurs questions.

Ils tinrent à m'offrir de l'argent que j'acceptai de bon

cœur. Cette aide financière m'était indispensable. Ma famille, qui vivait déjà très pauvrement, devait supporter les frais de la procédure, sans parler de mes fréquents voyages à Sokoto. Cet argent m'aidait aussi à élever mes filles, satisfaire quelquefois leurs caprices et leur donner une nourriture adaptée. Surtout, je cessais de dépendre de la générosité de ma famille.

Nombreux furent les journalistes qui vinrent me voir, mais je me rappelle surtout un Allemand, un jeune homme blond qui s'était présenté avec un interprète de Sokoto. Le journaliste tenait à me manifester sa solidarité, et celle de beaucoup de ses compatriotes. Il déjeuna avec nous, et tout de suite gagna la confiance d'Adama. La petite, désormais habituée à voir défiler des inconnus, accepta de rester dans ses bras ; elle passa même le reste de la journée à le solliciter pour qu'il joue avec elle. Le soir, au moment de se séparer, elle fondit en pleurs. Le journaliste lui donna alors un bonbon, et lui promit de lui en apporter d'autres quand il reviendrait.

Pendant des mois, Tungar Tudu échappa ainsi à la monotonie. Chaque fois que se présentait un nouveau reporter, le village se mobilisait. C'étaient les enfants qui lui montraient le chemin. Ensuite, ils attendaient derrière le portail jusqu'à ce qu'il s'en aille. Quand Imam me faisait porter un message par un habitant du village, on se dépêchait de me le communiquer ; et le messager y mettait tout l'enthousiasme nécessaire, comme si sa mission lui offrait la chance de participer à une affaire qui intéressait le monde entier.

Cette agitation avait fini par déclencher dans le village

l'élan de solidarité qui m'avait manqué jusque-là. J'en comprenais les raisons. Les gens qui vivent en pleine savane, dans un village comme Tungar Tudu, se plient à des règles de vie traditionnelles ancestrales. Il ne viendrait à l'idée de personne de les discuter. Voilà pourquoi ma condamnation ne provoqua aucune réaction chez ceux qui étaient mes voisins les plus proches. Puis sont arrivés les journalistes, et des Blancs venus de pays lointains. Dès lors, les villageois ont commencé à entrevoir l'existence d'un monde étranger, différent, et qui voulait me sauver. C'est ainsi que s'est éveillé le sentiment de solidarité. Ce furent les femmes qui s'en firent les premières porte-parole, indifférentes à ce qu'en pensaient leurs maris – ce dont je fus très surprise. La première à se manifester fut Fatima, une ancienne du village que je rencontrais au puits depuis que j'étais toute petite. Elle se présenta chez nous pour offrir à Adama un gâteau traditionnel. C'est maman qui l'accueillit, et Fatima eut quelque peine à expliquer la vraie raison de sa visite. Nous ne lui avions rien demandé, et même si les femmes se dépannaient souvent pour la garde des enfants, ce n'était pas le cas ce jour-là. Nous n'avions pas besoin de gâteau non plus. Bref, nous n'attendions rien de spécial de sa part. Pourtant elle était venue. Elle finit par avouer qu'elle voulait me parler. Maman me fit venir. Nous avons commencé à discuter, et même si les mots lui venaient difficilement, Fatima ne semblait pas du tout gênée. Elle déclara avec la plus grande franchise :

– Safiya, je ne trouve pas les mots pour exprimer ce besoin de te voir... C'est peut-être Allah qui a conduit mes pas jusque chez toi. J'ai beaucoup pensé à ce qui

Moi, Safiya, j'ai échappé à la lapidation

t'arrivait. À ta condamnation. Quand je t'ai connue, tu n'étais pas plus grande qu'Adama aujourd'hui. Je suis sûre que ton âme est innocente. Allah et Son Prophète ne veulent pas que tu sois tuée. Moi qui suis une vieille et fidèle servante de notre Dieu, je veux que tu saches que mes pensées sont avec toi. Je ne sais pas si cela peut te servir à grand-chose, mais je suis là, et je ne te juge pas. Ce qui t'arrive aurait pu aussi m'arriver, comme à n'importe quelle femme de Tungar Tudu ou de la savane.

Elle se tut un moment. J'étais très émue. Fatima, une ancienne du village, me tenait ce discours. À moi qui étais plus jeune. À moi qui non seulement n'avais pas de mari, mais étais regardée comme adultère selon les règles traditionnelles ; moi qui m'étais attiré une condamnation pour avoir enfreint la loi du Prophète. Je l'étreignis, et me blottis contre son épaule. Elle m'embrassa à son tour, surprise de mon élan. Je retrouvais dans Fatima l'âme de notre peuple. Elle avait voulu exprimer sa solidarité, et elle l'avait fait sans trop réfléchir, comme si cette attitude fût la seule possible. Après avoir partagé cet instant d'émotion, nous avons mangé son gâteau toutes ensemble. Et Adama fut ravie de cette visite inattendue.

Ce geste a autant compté dans ma vie que la rencontre avec Imam et Sani Umar. Fatima n'en resta pas là. Les jours suivants, elle parla de l'affaire à tous ceux qu'elle rencontrait. J'ai su par la suite que chez elle, cette première visite avait fait l'objet d'une discussion. Il est vrai qu'après, nombre de femmes vinrent me voir à leur tour. Toutes se mettaient à ma disposition. Certaines, qui appartenaient à des familles aisées, s'offrirent de participer aux dépenses occasionnées par le procès et les voyages à Sokoto. Certes, je n'en avais pas besoin puisque les journalistes ne repartaient jamais sans me laisser de l'argent, mais cette proposition avait une valeur considérable : j'avais mon village derrière moi. J'avais cessé d'être une paria. Je n'étais plus la femme adultère obligée de se cacher. J'étais redevenue Safiya. La Safiya fière de porter le nom de son village – Tungar Tudu. Celle qui luttait pour avoir la vie sauve et remplir son devoir de mère, comme le voulait Allah.

Les femmes me donnèrent beaucoup. Et la voix des femmes de Tungar Tudu se fit peut-être entendre jusqu'à Sokoto. En tout cas, un beau jour, deux anciennes se présentèrent chez moi. Elles venaient de la ville. Elles m'expliquèrent qu'elles appartenaient à une association de secours à ces femmes réduites à la solitude parce qu'elles n'avaient pas trouvé de mari, ou parce qu'elles étaient veuves. Ces anciennes voulaient savoir si j'avais besoin de quelque chose. Elles m'apprirent qu'elles pouvaient me mettre en rapport avec des avocates informées de la loi islamique. Je répondis que j'avais déjà Imam pour me défendre. Mais elles insistèrent, disant qu'Imam ne pouvait s'occuper de tout, et que ces avocates se chargeraient très bien de certaines tâches qui, pour être secondaires, n'en étaient pas moins nécessaires. Par la suite, je fis la connaissance des avocates en question, et je me souviens d'elles comme de véritables amies. Leur travail était loin d'être inutile. Grâce à elles, je gagnai un peu d'argent en tissant des nattes : elles connaissaient à Sokoto un commerçant prêt à me les acheter. D'autres femmes risquaient de se retrouver dans une situation comparable à la mienne, déclarèrent-elles, et mon expérience me permettait de les aider. Cela me fit du bien. J'étais heureuse de me rendre utile, d'une part envers ma famille en tissant des nattes, d'autre part envers celles qui étaient traînées en justice et jugées par la loi islamique. Je comprenais plus que jamais que ma condamnation n'était pas la volonté d'Allah, mais celle des hommes. Ce mouvement de solidarité entre femmes fut une expérience enrichissante. Et je ne pus qu'en éprouver de la gratitude pour Dieu.

Les messages d'Imam se faisaient chaque semaine plus nombreux. Le procès entrait dans sa phase finale, et la mobilisation internationale avait plongé les juges dans un tel embarras qu'ils regrettaient maintenant d'avoir à se prononcer. Ils étaient en effet soumis à des pressions fortes et contradictoires. D'un côté, les intégristes islamistes s'opposaient à tout progrès. Pour eux, je devais être lapidée car telle était la volonté de l'islam. Dans l'État de Sokoto, disaient-ils, la population était musulmane depuis toujours, et l'application de la charia découlait naturellement du sentiment religieux. En face, d'autres politiciens, plus progressistes, militaient pour mon acquittement. Ceux-là étaient résolus à ne pas laisser les États du Nord aux mains de l'islam contre la volonté du gouvernement central d'Abuja. Ma mort par lapidation risquait de provoquer un affrontement entre le Nigeria et le monde civil, et nous isoler du reste de la terre, comme le disait Imam, étant donné la mobilisation qui s'était créée.

Dans tout cela, je n'étais qu'un pion. Mais j'étais aussi un être humain, une femme en chair et en os, une personne qui avait le droit de vivre et d'élever sa petite fille. Cela me contrariait beaucoup de voir cette réalité simple disparaître derrière des enjeux politiques. Mais je n'y pouvais rien. Je pouvais seulement penser à Allah, le Dieu au nom duquel les juges prétendaient agir, en espérant qu'Il saurait, Lui, me juger pour ce que j'avais fait, et non pour ce que je représentais. Durant cette période, je me rapprochai plus encore de la foi de mon père, de son propre sentiment religieux, et de son indéfectible et sereine confiance en Dieu.

Vint le jour de l'audience décisive. Je devais être présente, et Imam me pria de passer la veille à son bureau. Il voulait en effet m'expliquer la ligne de défense qu'il avait mise au point. Depuis le début, j'avais compris que seule une argumentation irréfutable d'un point de vue religieux pouvait me sauver, car les juges devaient pouvoir m'acquitter sans se mettre en porte-à-faux vis-à-vis des intégristes. Si nous réussissions, alors personne ne s'y opposerait.

– Comme je te l'avais dit, Safiya, j'ai cherché dans le Coran. Et j'ai trouvé. Dans une sourate, le Prophète Mahomet affirme que la semence de l'homme peut « dormir » trois ans dans l'utérus avant de se réveiller, rencontrer l'ovule et concevoir un enfant.

Imam se tut pour s'assurer que je le suivais, et que j'étais d'accord. J'approuvai d'un signe de tête. Il reprit :

– Le Prophète Mahomet le dit et c'est écrit dans le Coran. En d'autres termes, c'est incontestable.

Imam me montra ensuite le Livre sacré qu'il avait laissé ouvert à l'endroit de la sourate.

— Cela signifie, Safiya, qu'Adama pourrait n'être pas née de ta relation avec Yacubu. La semence qui l'a engendrée pourrait être celle de ton dernier mari. Ton divorce remonte à trois ans. C'est compatible avec la naissance de l'enfant. Certes, nous ne pouvons le démontrer. Mais personne n'est en mesure de prouver le contraire ! Quant à la sourate, elle est infaillible.

À ce point de la discussion, Imam retourna s'asseoir et prit devant lui le Livre sacré. Une fois de plus, il relut la sourate. Enfin il me regarda.

— Voilà l'argument que j'ai l'intention de présenter demain aux juges, Safiya. Mais j'ai besoin de ton accord.

— Je suis d'accord, Imam.

J'acceptais sans même réfléchir. L'affaire avait pris des dimensions trop importantes, et j'étais prête à tout pour cesser d'endurer les tortures de l'angoisse, du doute et de la peur. Seule m'intéressait désormais ma propre relation avec Allah. Allah qui, pour Sa part, m'avait déjà acquittée – j'en étais sûre.

Le lendemain, je pénétrai dans la salle d'audience pleine à craquer. Le tribunal, cette fois, n'accueillait plus seulement un rassemblement de curieux, mais une foule de journalistes venus du monde entier.

Le procureur prit la parole en premier.

— Safiya Hussaini Tungar Tudu, dit-il, doit être condamnée pour avoir violé non seulement les règles religieuses, mais aussi la morale de notre peuple. Un acquittement serait la porte ouverte à un relâchement des mœurs en contradiction même avec l'islam. Or c'est l'islam que respectent les habitants de l'État de Sokoto.

Puis vint le tour d'Imam. Il parla longuement. Après avoir examiné en détail les implications légales de l'affaire, il développa la partie de son argumentation basée sur la sourate. Je l'ai écouté avec une grande attention. Pourtant, à un certain moment, mes pensées m'entraînèrent hors de cette salle. Je me revis enfant, alors que mon seul désir était de fréquenter l'école islamique. Je revis papa et maman quand ils étaient jeunes. Je revis le petit Mohammadu inquiet et dissipé, et cela me ramena au présent. Je le cherchai des yeux dans la foule. Et je le vis, debout au fond de la salle, le visage sérieux, concentré sur la plaidoirie d'Imam.

Comme je pensais à mon frère – sa trahison, son repentir, l'affection qu'il m'inspirait –, Imam acheva sa défense.

Un silence absolu retomba dans la salle. Le vieux juge se leva et déclara que la séance était levée. L'heure était venue, pour la Cour, de se retirer afin de délibérer et d'arrêter la sentence.

Imam me rejoignit. Il était manifestement satisfait. Son sourire ne le quittait plus. Il m'adjura de rester optimiste, les délibérations de la Cour avaient toutes les chances de durer fort longtemps.

– Aucune chance en tout cas que la sentence soit prononcée aujourd'hui, dit-il encore. Je peux te raccompagner à Tungar Tudu en voiture, si tu veux.

J'acceptai.

Moi, Safiya, j'ai échappé à la lapidation

Mon père s'impatientait dans la cour. Je l'appelai en arrivant. Il vint au portail. Ce fut Imam qui parla le premier. Sachant que mon père était un grand lecteur du Coran, il tenait à lui faire part de sa stratégie. Ma mère invita Imam à entrer, et ils allèrent s'asseoir dans la chambre de mon père. Je leur servis du thé et je les laissai.

Alors que je raccompagnai Imam, il fut décidé que nous nous reverrions au moment du verdict. Il me répétait une fois encore que cela pouvait durer des jours quand des cris retentirent.

— Safiya ! Safiya !
— La voilà ! Vite ! Vite !

C'était l'habituelle bande d'enfants. Ils montraient à un groupe de journalistes et de photographes le chemin de ma maison. Imam leur demanda la raison de leur visite. Et je n'aurais pu entendre plus merveilleuse réponse.

— La sentence ! Elle est tombée ! Safiya est acquittée !

Acquittée... Acquittée ? Je ne m'étais pas attendue à apprendre la nouvelle de cette façon. J'en demeurai pétrifiée. Je n'étais pas sûre de bien saisir le sens de ce qui se disait. Puis je compris. Acquittée. Libre ! Sauve ! J'étais sauvée ! Tout était fini...

Je fondis en larmes. C'étaient des pleurs de bonheur et d'émotion mêlés. Imam, fou de joie, se jeta littéralement sur moi pour m'embrasser.

— On a réussi, Safiya ! On a gagné !

Les photographes se pressaient autour de nous. Les journalistes jouaient des coudes pour avoir mes premières impressions.

— Safiya, comment te sens-tu ?

— Tu t'y attendais ?
— Tu es heureuse ?
— Qu'est-ce que tu vas faire, maintenant ?

La nouvelle, pendant ce temps, était arrivée jusqu'à mes parents. Mon père m'étreignit. Ses mains me pressèrent chaleureusement le dos, et ses larmes roulèrent sur mes joues. Ma mère me serra encore plus fort, presque avec frénésie, tandis que je laissais exploser ma joie entre ses bras.

— Je suis sauvée, maman ! Ils ne peuvent plus rien me faire !

Oui, j'étais sauvée. Personne ne me prendrait mes filles.

Mais Adama... Où était-elle, au fait ? Je partis à sa recherche. Elle était toute seule dans son coin ! Je courus la prendre dans mes bras. Elle écarquillait ses yeux sombres, son petit doigt sur les lèvres, et regardait autour d'elle sans comprendre. Je le lui expliquai, tout en couvrant son visage de baisers.

— Nous sommes heureux, mon amour. Ta maman restera toujours auprès de toi !

15

Rome, le monde

Après la sentence d'acquittement, les journalistes accoururent toujours plus nombreux à Tungar Tudu, venant non seulement du Nigeria mais d'autres pays africains, d'Europe et des États-Unis. Comme avant, j'acceptais de les recevoir. Puis, à force de répéter mon histoire, je finis par me demander si je l'avais réellement vécue.

Oui, tout cela m'était bien arrivé. Et mon aventure allait m'entraîner encore plus loin. On m'annonça un jour une visite importante. Des gens, me dit-on, qui arrivaient d'Abuja. Trois hommes se présentèrent. Ils furent reçus par mon père et, par respect, s'entretinrent d'abord un moment avec lui dans sa chambre, où je vins leur servir à boire et à manger. J'allais repartir quand mon père me retint :

– Reste avec nous, Safiya. Nos visiteurs ont une proposition à te faire.

Les trois hommes me souriaient, ils avaient l'air d'avoir une bonne nouvelle à m'annoncer. Ils attendirent que je sois assise. Puis l'un d'eux m'interrogea au sujet d'Adama. Comment allait-elle ?

– Très bien, je vous remercie, répondis-je avec un geste en direction de la cour où la petite était en train de jouer.

De nouveau, ils me sourirent. Celui qui avait pris la parole le premier m'expliqua la raison de leur venue :

– Tu es désormais une célébrité mondiale, Safiya. Tu reçois des visites tous les jours. Tu accordes des interviews. Et tu l'as fait jusqu'ici sans quitter ton pays. Mais à présent, l'étranger te réclame. Une association italienne qui a suivi ton affaire de près nous a écrit. Ils souhaitent t'inviter chez eux. Ils veulent faire connaissance avec la femme qui a été sauvée de la lapidation par un grand mouvement de solidarité internationale.

Des milliers de questions me traversèrent l'esprit. Où se trouvait l'Italie ? Comment ferais-je pour m'y rendre ? Combien de temps durerait le voyage ? Pourrais-je emmener Adama avec moi ? Comment devrais-je être vêtue ? Y aurait-il quelqu'un pour m'accompagner ? Et une fois sur place, qu'aurais-je à y faire ? Qui m'aiderait ? Comment étaient ces gens ? Que faisaient-ils ? Comment vivaient-ils ? Oui, des milliers de questions. Mais je les gardai toutes pour moi. Je répondis que si mon père était d'accord, s'il jugeait ce voyage utile, alors j'étais prête à partir. Je songeai à Imam : il avait essayé en vain d'obtenir des autorités locales qu'elles me délivrent les papiers nécessaires pour voyager. Allah ferait-Il en sorte qu'Imam puisse m'accompagner à Rome ?

Moi, Safiya, j'ai échappé à la lapidation

Quelques jours suffirent à organiser le voyage. Ils me dirent que je partirais pour Abuja avec mon frère Mohammadu et les trois visiteurs. Là-bas, on me remettrait les papiers m'autorisant à quitter le Nigeria. Il était prévu que je resterais quelques jours à Rome, aussi décidai-je d'emmener Adama. L'idée de ne pas me séparer d'elle, fût-ce pour peu de temps, m'aidait beaucoup. À l'approche d'une expérience aussi nouvelle qu'angoissante, ma petite fille devenait le lien entre mon univers et cet autre monde vers lequel j'allais m'envoler.

Nous avons quitté le village un matin de bonne heure, à bord d'une voiture avec chauffeur. Dès que nous fûmes à l'aéroport d'Abuja, je me sentis anxieuse. J'aurais voulu qu'Imam soit là. J'avais peur. Jamais je n'avais imaginé me retrouver avec Adama dans un endroit aussi singulier. Autour de moi, chacun savait ce qu'il devait faire. Des gens se dépêchaient. D'autres prenaient place dans la queue pour s'entretenir avec une fille assise derrière une vitre.

Pourquoi avais-je accepté ce voyage en Italie ? Comment ferais-je pour me débrouiller dans un pays étranger alors qu'à l'aéroport d'Abuja, au milieu des miens, j'étais déjà comme un poisson hors de l'eau ? De plus en plus inquiète, je jetais autour de moi des regards désemparés. Heureusement, avant de repartir, mes accompagnateurs m'avaient présenté une Nigériane, Laraba Dattijo, en m'expliquant qu'elle travaillait pour le Conseil national des femmes, et qu'elle nous accompagnerait à Rome. La nouvelle me fit plaisir. Avec elle, mon séjour avait toutes les chances de se passer mieux.

Je me sentirais moins perdue. Serrant Adama dans mes bras, je fis la queue avec Laraba. La fille, derrière le guichet, enregistrait les bagages. Quand vint notre tour, elle prit aussi les nôtres. Je songeai qu'elle devait avoir une bonne mémoire pour être capable de les rendre ensuite au bon propriétaire.

Il y avait beaucoup de choses que je ne comprenais pas, mais je préférai ne pas poser de questions, et m'en remettre entièrement à Laraba. Un bus nous amena sur la piste et jusque sous l'avion, une machine de fer aux ailes immenses. Comment un objet aussi lourd pouvait-il se soulever de terre ?

Nous sommes montés à bord de l'appareil par un escalier. Une autre fille nous indiqua nos places. J'étais angoissée, et la présence de Laraba me rassurait. Cependant l'idée de voler me terrorisait. Alors, je me dis deux choses. D'abord, la présence de tous ces gens à bord prouvait que c'était sans danger. Ensuite, Allah ne m'aurait jamais sauvée d'une mort par lapidation si c'était pour me faire mourir aussitôt après dans un accident d'avion...

L'appareil s'ébranla. Il prit son élan. Et dans un vacarme que mes oreilles n'avaient encore jamais entendu, il s'élança dans le ciel. Je fus écrasée dans mon fauteuil. En moi, la peur se mêlait à la curiosité. Une fois encore, je me répétai qu'Allah ne pouvait m'avoir épargnée pour me tuer en vol. Rassérénée, je regardai par le hublot. Au-dessous de moi s'étendait la savane, ce monde qui était le mien. Là-bas, quelque part, se trouvaient Aisha et mes parents. J'en vins à méditer sur la vie qui était la nôtre. Comme nos difficultés semblaient minuscules, comparées à l'immensité du monde ! Du haut du ciel, ma propre mésaventure m'apparaissait comme une affaire de peu d'importance. C'était un détail. Le contraire de ce que je regardais encore, quelques minutes auparavant, comme une tragédie redoutable.

L'avion continuait de prendre toujours plus d'altitude. Il finit par pénétrer dans les nuages. J'étais dans les nuages ! Quelle sensation étrange... Je traversais ces mêmes nuages blancs que j'avais tant et tant observés, qui m'avaient tant fait rêver petite fille, et auxquels j'avais si souvent confié, adulte, mes pensées et mes angoisses. Nous sommes sortis des nuages. La terre était hors de vue. Nous étions dans le ciel infini. Émue, je me sentis soudain très proche d'Allah ; et je Le remerciai de la vie qu'Il m'avait donnée.

À Lagos, une voiture nous attendait. Nous avons traversé la ville et gagné un grand immeuble dont j'appris que c'était l'ambassade d'Italie au Nigeria. J'y fus accueillie par l'ambassadeur en personne, et toute son équipe. J'étais bouleversée. C'était trop pour une seule journée. Par bonheur, on nous emmena bien vite dans la maison où nous devions passer la nuit. Là, en dépit de l'excitation que je ressentais, je m'endormis d'un coup, et Adama aussi.

Le lendemain matin, on me demanda de me préparer car nous devions nous envoler pour Rome le soir même.

Safiya Hussaini Tungar Tudu

Je fus appelée par l'ambassadeur qui me reçut en compagnie de deux femmes, dont l'une était blanche. Il me fit signe de le suivre dehors, et là, quelle ne fut pas ma surprise de me trouver face à face avec Imam ! Il m'annonça qu'il était du voyage, et vit combien j'étais heureuse de cette nouvelle.

Nous avons décollé de nuit, emmenés par un avion encore plus grand. Observant la ville, en dessous, je fus stupéfaite de voir qu'elle était constellée de milliers de lumières blanches ou de couleur. Cela n'existait pas à Tungar Tudu. Au village, toute la lumière venait du soleil. Et le soleil, au crépuscule, se retirait pour la nuit. Les lumières de Lagos : c'est ce qui m'émerveilla le plus durant ce voyage. Je ne pouvais deviner qu'elles seraient, à Rome, encore plus nombreuses et spectaculaires.

À l'arrivée, je fus impressionnée par la taille de l'aéroport. Il était beaucoup plus grand que celui d'Abuja, et même que celui de Lagos. J'étais si effrayée que je ne lâchais plus Imam et Laraba d'une semelle. Je craignais de les perdre de vue. Des gens affairés couraient de toutes parts et parlaient dans de minuscules objets tenus dans la main. Ainsi c'étaient eux qui m'avaient sauvé la vie ! Ils s'étaient souciés de moi, alors qu'ils paraissaient déjà si occupés ! Comment était-ce possible ? Et pourquoi ne me regardaient-ils pas ? Tous étaient blancs. Une femme à la peau noire aurait dû éveiller au moins leur curiosité, les pousser à me poser des questions. Au lieu de quoi ils filaient sans me voir, comme si je n'existais pas ou comme si ma présence fût parfaitement normale.

Une fille nous attendait. Je m'étonnai aussi de la chaleur avec laquelle elle nous embrassa, Imam et moi. Ce fut comme si nous nous connaissions depuis toujours ! J'étais désorientée. Je ne comprenais pas ses paroles. Une fois de plus, je décidai de m'en remettre à Imam. Il m'expliqua que cette fille représentait l'ONG qui m'avait invitée. Il ajouta qu'elle était accompagnée de plusieurs membres de l'ambassade du Nigeria à Rome.

Nous avons quitté l'aéroport pour gagner un palais entouré d'un jardin immense. Cela s'appelait une « villa », me dit-on. C'était le siège d'un centre appelé Dionisya. Au cœur du jardin, se dressait un autre édifice qui donnait lui-même sur une cour. En somme, c'était un peu comme à Tungar Tudu... J'appris que je vivrais ici durant mon séjour. J'éprouvai une profonde reconnaissance pour tous ces inconnus. N'avaient-ils pas tout fait pour que je me sente autant que possible comme chez moi ? Je fus stupéfaite d'apprendre qu'une chambre avait été préparée rien que pour Adama et moi. Laraba dormirait dans une pièce contiguë. Les deux chambres possédaient une salle de bains commune. C'est Laraba qui m'expliqua l'usage des objets bizarres que je voyais surgir autour de moi. Et toute cette eau ! Ici, nul besoin de courir au puits. Certes, je connaissais l'existence du robinet, j'en avais même vu à Abuja et à Sokoto. Mais le débit était beaucoup plus faible qu'à Rome ! Allant de surprise en surprise, je réalisai que l'on choisissait l'eau chaude ou l'eau froide. Grande fut mon émotion quand je songeai aux efforts qu'avait dû fournir ma mère pour nous préparer un bain chaud, à Inno et moi, durant les quarante jours passés à Tungar Tudu après mon premier accouchement.

Et ce n'était pas fini. De nombreuses personnes m'attendaient, toutes membres du centre Dionisya. Il y avait là des cadeaux merveilleux : des produits de beauté pour moi, des jouets et des pantins pour Adama. De nouveau, j'étais bouleversée. Toute cette gentillesse. Toutes ces attentions. On voulait que mon séjour se passe au mieux... Quel mal ils s'étaient donné ! Et Adama qui riait. Elle était heureuse de ses cadeaux. Mais le vrai cadeau, c'étaient eux, ces gens qui de tout cœur avaient voulu nous voir heureuses. Je fus également bouleversée par des journalistes qui avaient apporté pour Adama, moi et les miens restés au village, un cadeau très utile : une valise pleine de vêtements. Jamais je n'oublierai ces gestes de solidarité ; leur souvenir m'accompagnera jusqu'à la fin de mes jours.

Au dîner, ce soir-là, on servit un plat qui était, me dit-on, le plus courant en Italie : les pâtes ! Ce plat m'évoqua nos recettes nigérianes à base de riz ou de mil.

Quand j'allai me coucher, j'étais encore sous le choc. J'avais déjà vu tant de choses, et tant d'autres m'attendaient le lendemain. J'avais appris au cours du dîner que l'on me ferait visiter la ville, notamment le célèbre Colisée. En effet, pendant la campagne de solidarité, une soirée s'était tenue à cet endroit, au cours de laquelle on avait allumé des milliers de lumières.

Et je le vis dès le lendemain, ce Colisée si majestueux,

si impressionnant... Là, exactement là, dans l'obscurité, s'étaient allumés des feux pareils à des feux de savane ! Et ces lumières avaient brillé pour proclamer que je devais vivre. Qu'Adama ne devait pas perdre sa maman. Je fermai les yeux pour tenter d'imaginer la scène ; quand je les rouvris, j'étais en larmes. La force de la mobilisation internationale ne m'apparut vraiment que quelques minutes plus tard, quand je me trouvai soudainement au centre d'un groupe de gens très nominés qui me montraient du doigt, me photographiaient et cherchaient à me serrer la main. Imam m'expliqua qu'il s'agissait de touristes espagnols. Le bruit de mon affaire était parvenu jusque chez eux, et y avait fait assez de tapage pour que ma photo paraisse dans leurs journaux.

Imam m'avait prévenue que mon séjour romain s'achèverait par une cérémonie très solennelle au cours de laquelle je serais officiellement présentée à tous ceux qui avaient œuvré pour me sauver la vie. Ce matin-là, comme toujours, une voiture m'attendait. On me conduisit à un grand bâtiment. Imam me montra le chemin jusqu'à une salle noire de monde. Nombre de journalistes et de personnalités officielles étaient là, me dit-il. Beaucoup voulurent être photographiés avec moi, et j'y consentis. Je fus emportée par un tourbillon de félicitations, de salutations, de sourires et de poignées de main. Tout le monde me parlait, et je n'entendais rien à ce que l'on me disait ! Heureusement, j'avais Imam avec moi, qui me tirait d'embarras. Trop bouleversée pour parvenir à tout saisir, je me bornais à sourire. À un moment, le silence se fit. Quelqu'un prit la parole. Dans l'impossibilité où j'étais de comprendre le discours, j'observai les visages alentour. Je leur étais à

Safiya Hussaini Tungar Tudu

tous tellement reconnaissante ! Ils m'avaient sauvé la vie... Mais je corrigeai mentalement cette pensée qui n'était pas exacte. C'est Allah et Lui seul qui m'avait sauvée. Et tous ces gens étaient les instruments de Sa volonté.

16

Un bonheur tout neuf et divers projets

Le lendemain, je quittai Rome pour regagner mon village. Le luxe et la magnificence d'une grande ville étrangère m'avaient impressionnée ; le retour à Tungar Tudu eut pour effet d'amplifier encore ce sentiment. Dès que je regardais nos maisons en terre, ou songeais à celles de Sokoto, les monuments et les palais de Rome prenaient dans mon souvenir une taille démesurée, impossible à décrire. Si j'écoutais les bruits de la savane et le bourdonnement du village, ces sons que la chaleur du soleil étouffait, je croyais entendre le vacarme de l'aéroport ou de la circulation, mais aussi les téléphones, les sirènes, les réveils, les haut-parleurs et les musiques. C'était là-bas si insupportable que j'étais obligée de me boucher les oreilles. Et si, tard le soir, il m'arrivait d'observer l'obscurité épaisse qui enveloppait Tungar Tudu, si je levais les yeux vers le ciel étoilé, tout de suite me revenaient à l'esprit les mille lumières de la Ville éternelle ; elles se mettaient à me tourner dans la tête comme des soleils aveuglants capables de me priver de sommeil. Tout m'apparaissait comme en rêve. J'avais l'impression d'avoir échappé un instant plus tôt à une tempête de sable. Ma place, je le savais maintenant, était au village. Cette paix familière, les voix tranquilles de mes parents et le tendre visage d'Adama : Allah n'aurait pu me faire un don plus précieux.

J'en venais à souhaiter alors que tout finisse. Ça suffit, me disais-je. Je veux redevenir la Safiya d'autrefois, la femme que j'étais avant mon cauchemar. Car c'était pour moi, je le savais, la seule condition du bonheur. C'est ainsi que j'étais bien, même si le village m'avait toujours considérée comme une femme seule, adultère, trois fois répudiée. Ce qui était arrivé ne s'était pas produit en vain. Car j'avais de l'argent, maintenant. L'argent que m'avaient laissé les journalistes venus m'interviewer, celui que j'avais reçu à Rome des mains de l'ONG, et ce que m'avaient donné d'autres personnes encore. En gérant ces fonds avec soin, j'avais la possibilité de me mettre à l'abri de tout souci matériel. J'avais gagné ma sécurité, celle d'Adama, d'Aisha et de mes parents. Je pouvais à présent satisfaire certains désirs, m'offrir quelque chose en plus. Je ne demandais rien d'autre. Je m'estimais payée de ma peine. Mais les voies d'Allah et de Son Prophète Mahomet sont infinies, qui souvent nous conduisent sur des routes que nous n'avions même pas imaginées ; et ces routes, peu après mon retour de Rome, me conduisirent à un nouvel amour.

J'avais trente-cinq ans. J'étais éprouvée, physiquement et psychologiquement. Je traînais derrière moi les ombres d'une histoire que beaucoup d'hommes n'étaient

Moi, Safiya, j'ai échappé à la lapidation

pas prêts à accepter, surtout en pays musulman. Et pourtant l'impossible arriva.

Comme toujours lorsque ma vie changeait de cap, tout commença un matin quand mon père m'appela dans sa chambre après la prière. Il voulait me parler.
— Safiya, un homme t'a demandée en mariage.
La phrase me frappa comme un coup de fouet. Je m'efforçai d'en saisir le sens. Quelqu'un voulait de moi ? Vraiment ? Moi, mariée à nouveau ?
Mon père se taisait. Il reprit seulement quand il fut certain que j'avais bien compris :
— L'homme qui souhaite t'épouser s'appelle Mohammed. Il a appris ce qui t'est arrivé par les journaux. Il m'a adressé un message, avec sa proposition.
Je fixai mon père. La proposition lui faisait-elle plaisir ? N'avait-il pas pensé, lui aussi, que ces choses-là étaient derrière, et qu'il valait mieux m'habituer à ma présente solitude ? Ses yeux aveugles étaient sans expression. Ses traits ne dévoilaient rien de ses sentiments.
— Mohammed est originaire de Sokoto, poursuivit-il. Il te connaît de vue, car il s'est produit en tant que musicien dans tous les mariages de la région. Je me suis déjà renseigné sur lui. C'est quelqu'un de bien. Il est sans enfant. Il travaille dans le sud depuis plusieurs années déjà, preuve qu'il est capable de sacrifices. Il est pauvre. Mais c'est lui qu'Allah a placé sur ton chemin. Par conséquent, c'est un don.
Ces paroles dissipèrent mes derniers doutes. Mon père était favorable à ce mariage. Cette décision était tout à

son honneur. Elle prouvait qu'il songeait plus à mon bonheur personnel qu'à son propre intérêt. Car le fait de m'avoir à la maison lui était d'un grand secours, ainsi qu'à maman. J'étais si émue que je ne pus retenir mes larmes.

Ces larmes, mon père ne put les voir ; cependant il était capable de lire dans mon cœur.

– Je sais ce que tu penses, dit-il. Mais nous devons nous soumettre à la volonté de Dieu. Je sais que tu n'abandonneras jamais tes vieux parents. Et nous serions comblés de te savoir heureuse. Nous souhaitons que ta vie s'accomplisse enfin.

Il prononça ces mots d'un ton calme, comme s'il s'en était entretenu avec Allah quelques minutes auparavant, pendant sa prière. Il ajouta :

– Je sais que tu dois avoir aussi des préoccupations d'un autre ordre, mais ne crains rien. Bien sûr, Mohammed pourrait te répudier à son tour. Ce mariage également pourrait se révéler un échec. Tout peut toujours arriver. Mais qui connaît l'avenir ? Personne. Et il est juste qu'il en aille ainsi. Car nous devons accepter ce qu'Allah nous donne. Pense à ce qui s'est passé. Allah t'a fait répudier à trois reprises. Il t'a fait condamner à mourir lapidée. Puis Il t'a fait acquitter. Aujourd'hui, Il te présente un nouveau mari.

Sur ces mots, il serra affectueusement ma main dans la sienne et il me donna congé.

Tandis que j'œuvrais aux travaux de la maison, et que je m'occupais d'Adama, je pensais et repensais à la nouvelle. Me remarier... Mes idées étaient si confuses que j'allai chercher ma mère. Elle devait déjà être au courant, comme les fois précédentes. En effet, dès qu'elle me vit, elle sourit. D'un sourire simple, mais plus éloquent que bien des paroles, et qui disait : « Je suis heureuse pour toi. »

Aujourd'hui, je suis mariée avec Mohammed. C'est un homme généreux, gai, attentionné. Il a accepté Adama et Aisha avec une grande affection. Allah, enfin, m'a voulue heureuse.
Mohammed et moi tournons nos regards vers l'avenir et caressons des projets. Mon plus grand souhait est de lui donner un fils, car il n'a pas encore connu la joie d'être père. Je sais qu'il remplirait ce rôle à merveille. Grâce à mon argent nous n'avons pas de gros soucis matériels. Nous devrions arriver à acheter un vélomoteur et à le louer – c'est un moyen de s'assurer des revenus réguliers. Ce n'est peut-être pas grand-chose. À Rome, quelqu'un qui entendrait cela pourrait même sourire en disant : « Mais ce n'est rien ! » Sauf qu'à Tungar Tudu, comme dans les autres villages de la savane, le « peu » et le « rien » que possèdent les autres peuvent devenir une richesse. Comme cette richesse appelée bonheur.

MA RENCONTRE AVEC SAFIYA

par Raffaele Masto

Ma rencontre avec Safiya à Sokoto, puis dans son village de Tungar Tudu, a représenté pour moi une grande expérience, sur le plan professionnel comme sur le plan humain. En dépit de la barrière de la langue, le courant passa magnifiquement entre nous, et tout le mérite lui en revient.

Je la revois le jour de mon arrivée à Sokoto, dans l'étude de maître Abdulkadir Imam Ibrahim. Étaient présents un journaliste nigérian du nom de Prince, qui m'avait amené à bon port au terme de mille péripéties, et l'interprète haoussa – cette langue étant la seule parlée par Safiya. Imam avait pris place derrière son bureau. Prince, l'interprète et moi étions sur des chaises en face de lui. Safiya, elle, s'était assise par terre, sur une natte, avec Adama. Tous nous la regardions du haut de notre altitude ! Elle n'en semblait pas gênée le moins du monde. Elle berçait la fillette qui dormait tranquillement. De temps en temps, l'interprète lui disait quelque chose. Elle répondait alors sur un mode impétueux, dans ce langage qui m'était incompréhensible et dont elle prononçait les mots à vive allure, tantôt agitant les mains, tantôt souriant. Elle était parfaitement à son aise. Ce n'était pas mon cas. Je me demandais comment j'allais m'y prendre pour obtenir d'elle un récit de sa vie. Comment faire en sorte qu'elle m'autorise à pénétrer les émotions et les sentiments qui l'avaient accompagnée durant ces événements tragiques, cette affaire qui avait touché et mobilisé l'opinion publique mondiale ? L'aventure était en rapport avec sa vie intime ; elle avait dû la remuer jusque dans les régions les plus profondes de son âme. L'abîme culturel qui nous séparait était en train de m'apparaître dans toute sa complexité. La distance physique faisait déjà office de symbole : j'étais sur ma chaise, vêtu de mon blouson de journaliste, chaussé de mes brodequins, tandis qu'elle se tenait à mes pieds, sur sa natte, en sandales.

Mais Safiya avait l'air d'avoir confiance en moi. Aussi ne tardai-je pas à me détendre. Et cela grâce à sa personnalité, à l'énergie de son caractère, à son sens de la communication, et à une vraie curiosité qui émanait d'elle. Ces qualités contrastaient avec le climat oppressant qui régnait dans les États du nord du Nigeria. Ici, la charia s'appliquait rigoureusement. La femme était obligée de rester en retrait, quasi invisible, loin de toute participation à la vie sociale.

Écoutant l'histoire de Safiya, je me suis souvent demandé si les lecteurs seraient à même de la comprendre sans être horrifiés par certains aspects de la loi islamique. Mais à Sokoto, puis à Tungar Tudu, je me suis renforcé dans une conviction que je m'étais forgée pendant quinze ans, au cours de mes voyages précédents en Afrique. Les événements, pour être compris, doivent être inscrits dans un contexte qui permette de les analyser. Ils doivent être étudiés dans la société même où ils se produisent, puis comparés avec d'autres réalités, semblables ou différentes, proches ou lointaines. Aujourd'hui, le livre est achevé, et je me dois de remercier Marcella Meciani pour sa formidable intuition professionnelle. Marcella a passé de longues heures, dans les locaux de l'éditeur Sperling & Kupfer, à tenter de me convaincre que ma connaissance de l'Afrique et des Africains serait mon aide la plus précieuse. Elle avait raison. C'est grâce à elle que ce livre existe.

Replacés dans leur contexte, donc, les faits se relativisent. L'effroi que nous inspire une sentence telle que la lapidation nous pousse à réfléchir à ces autres horreurs que sont la chaise électrique et l'injection létale.

En effet, aucune justification ne peut rendre acceptables ces pratiques, sauf à discourir sur le fait que la lapidation est un héritage des temps moyenâgeux les plus obscurs, tandis que la chaise et l'injection sont des produits de notre civilisation high-tech. De la même façon, s'il faut réfléchir sur la polygamie, sur la répudiation, sur le rôle de la femme, il convient aussi de s'informer sur différents aspects de la société islamique qui ne viennent pas souvent à notre connaissance, et qui la rendent supérieure, au plan éthique et moral, à nos propres règles de vie. Par exemple, la loi islamique prévoit qu'il est permis de voler pour se nourrir, et que le crime, dans ce cas, ne sera pas puni. Les musulmans ont l'obligation de verser aux pauvres un dixième de leurs revenus. La mosquée n'est pas seulement un lieu sacré, mais aussi un refuge pour qui ne sait où dormir. La coutume veut qu'une table soit dressée pour les indigents lors des fêtes et des mariages. Il est interdit de tirer profit des intérêts venus d'une somme prêtée.

Un jour que je voyageais avec des guerriers du Polisario dans le Sahara occidental, nous nous sommes arrêtés dans une oasis. Un mufti y recevait la population. On venait lui demander des conseils fondés sur sa profonde connaissance du Coran. Exceptionnellement, je fus accueilli sous la tente de cet homme, et je passai avec lui une journée entière. Au cours d'une pause, après avoir parlé avec une grande sagesse à une vieille femme, il me dit :

– Une religion qui ne rend pas les hommes heureux n'a rien à voir avec Dieu.

Comme toujours, ce sont les nécessités politiques et économiques qui rendent aberrantes certaines règles de la charia. Ce phénomène est constant dans l'histoire, et la religion catholique aussi est concernée par ce phénomène. Il suffit de se rappeler l'Inquisition en Europe, ou la colonisation des Amériques. C'est la même chose pour le Nigeria ; et c'est ainsi que Safiya a failli mourir déchiquetée au terme d'un mécanisme pervers.

En simplifiant, on pourrait dire que ce pays, où vivent et s'affrontent environ deux cents ethnies, est organisé autour de trois centres de pouvoir : le nord islamique, le sud-ouest et la région de Lagos, qui est la capitale économique et commerciale, et le riche sud-est, avec l'embouchure du fleuve Niger et les gisements de pétrole. Jusqu'en 1999, le Nigeria a été gouverné par une junte putschiste. Ces militaires représentaient le nord islamique. Ils avaient largement transféré dans leur propre région les produits de la vente de pétrole. Certes, ces fonds avaient servi à construire des digues et des infrastructures destinées à soutenir l'agriculture (lesquelles, du reste, s'étaient quelquefois révélées inutiles), mais ils avaient également grossi les comptes en Suisse des généraux et des hommes politiques. Jusque-là, dans le nord islamique, personne ne s'était avisé de vouloir appliquer la charia. Le tournant s'est produit en 1999. Cette année-là, suite à une forte pression occidentale venue en premier lieu des États-Unis, ont eu lieu les premières élections démocratiques. Le résultat du scrutin a porté au pouvoir l'ex-général Olusegun Obasanjo, un homme du sud chrétien. Le Nord a vécu ce changement comme un événement considérable. Le nouveau président promettait une distribution plus équitable des richesses, mais menaçait surtout de s'attaquer aux privilèges et au pouvoir des hommes politiques du Nord. Ces derniers répliquèrent en faisant valoir que le Nigeria est un pays fédéral, et poussèrent les gouverneurs à appliquer la juridiction islamique. C'était une espèce de chantage, et surtout une menace adressée au pouvoir central. En effet, celui-ci était responsable, aux yeux du monde, de tout ce qui survenait sur son territoire, et par conséquent de ce rituel barbare que représente la lapidation des femmes adultères.

La condamnation de Safiya d'abord, puis celle d'Amina Lawal dans l'État de Katsina, déclenchèrent des mobilisations, des pétitions et des protestations venues des chefs d'État et des gouvernements. Le pays fut menacé de sanctions. Tout cela s'adressait à Obasanjo dont le pouvoir risquait d'être discrédité. L'image du Nigeria pouvait en pâtir. Mais Obasanjo était obligé de tenir compte des revendications du Nord. Une fois de plus, il dut convaincre les politiciens de la riche région sud-est de partager les revenus pétroliers avec le reste du pays, quand bien même ils le regardaient, quelquefois à juste titre, comme inefficace et corrompu.

En définitive, le Nigeria est un pays divisé, déchiré même par de considérables contrastes qui produisent des conflits internes toujours à deux doigts d'exploser. Cette réalité saute aux yeux quand on y voyage. Pour atteindre le village de Safiya, il faut traverser tout le pays. On finit par arriver à Lagos, une des plus importantes mégapoles africaines, un agglomérat humain pris dans un tel trafic automobile qu'il en est quasi paralysé.

Mais c'est plutôt une bonne chose, paradoxalement. En effet, s'il n'y avait pas une telle circulation, l'économie en subirait des conséquences dramatiques. Une bonne partie de l'activité commerciale de la ville, en effet, passe par les rues engorgées de voitures et noyées de fumée. Coincé dans votre embouteillage, vous voyez passer dans l'espace d'une vingtaine de minutes l'échantillon complet d'un hypermarché bien de chez nous. Tout est transporté à bras d'homme, ou à l'épaule ; le corps entier est mis à contribution. Le moindre enfant est chargé comme le comptoir d'un magasin. Et si vous manifestez quelque intérêt pour tel ou tel produit, aussitôt ce comptoir humain accourt, vous en chante les louanges et en annonce le prix.

On ne peut comprendre le Nigeria si l'on n'a pas vécu quelques jours à Lagos. Cependant Lagos n'est pas le Nigeria. À l'est, par exemple, se trouve le Biafra, qui fut le théâtre d'une guerre africaine parmi les plus sanglantes. Car ce sont les zones orientales, à l'embouchure du Niger, qui recèlent le pétrole dont le pays tire sa richesse. Une richesse qui pousse régulièrement les res-

Moi, Safiya, j'ai échappé à la lapidation

ponsables politiques locaux à envisager, ouvertement ou non, une partition, une séparation d'avec les autres régions regardées comme inefficaces et arriérées. Ces vues sécessionnistes ont été défaites. Mais le conflit a laissé derrière lui au moins un million de morts.

Aujourd'hui, les principales contradictions du Nigeria sont celles qui séparent le Nord, pauvre et musulman, et le Sud, riche et chrétien. Partir pour le nord signifie pratiquement se rendre dans un autre continent. Il faut prendre l'avion jusqu'à Kano, la capitale du Nord, une mégapole d'environ cinq millions d'habitants dont la majorité est musulmane et la minorité chrétienne. C'est là que les affrontements religieux font le plus grand nombre de victimes. Ils sont fréquents. Le dernier a éclaté à l'occasion de l'élection de Miss Monde. Bilan : au moins deux cents morts.

En quittant Kano, on découvre un autre Nigeria. Les équipements aériens fonctionnent mal, et il est presque plus simple de se déplacer en voiture. Sokoto, de toute façon, n'est relié que par un seul vol hebdomadaire. En fait, le voyageur qui veut rallier l'État où vit le sultan – l'homme auquel se réfèrent les émirs des États voisins – a intérêt à louer une voiture avec chauffeur pour couvrir les six cents kilomètres de route. Le véhicule sera forcément une Peugeot 504, la voiture officielle dans toute l'Afrique occidentale.

La première différence qui frappe immédiatement le voyageur, à quelques kilomètres de Kano, c'est le vêtement féminin. Il est ici semblable à ce que l'on peut trouver en Syrie ou en Jordanie. Oubliées les coiffures pleines de couleurs et de fantaisie que les femmes du Sud savent arranger avec un talent artistique ! Désormais elles portent le voile, elles ne prennent pas le volant, et elles ne crient pas dans les rues, comme il arrive souvent au sud. L'islam leur impose de ne pas se montrer et de renoncer aux conduites provocantes. En compensation, la route qui mène à Sokoto présente beaucoup d'intérêt. Le chauffeur, qui s'était montré si affable et paisible quand vous l'avez engagé, conduira sa 504 à une vitesse folle sur la chaussée défoncée. De temps en temps, sans ralentir le moins du monde, il décide de se déporter sur la voie opposée et de parcourir ainsi de longs kilomètres, dans le simple but d'épargner ses amortisseurs ! Il frôle alors les autres imprudents qui, comme lui, sont lancés à toute allure. La raison de cette roulette russe est économique : il faut réussir à faire l'aller et retour dans la journée, de façon à être disponible pour une autre course le lendemain. Donc, pas question de s'arrêter pour les besoins naturels. Ni pour casser la croûte. Ici, on ne fait halte qu'en cas de force majeure, par exemple – et c'est fréquent – quand on rencontre une « barrière » dressée par l'armée, la police ou l'une des innombrables milices privées en charge de la zone, ces mafias dont la plus redoutable porte un nom inquiétant : *Fire for Fire*, le feu par le feu.

Au moment de traiter avec un chauffeur, à Sokoto, il faut prévoir les « pourboires » qui se révéleront nécessaires pour l'ouverture des fameuses « barrières ». Les choses fonctionnent de la façon suivante. L'agent est généralement armé d'un fusil automatique au chargeur engagé. S'il vous fait signe de vous arrêter, mieux vaut obéir. Et se soumettre sans barguigner aux questions les plus diverses concernant le chargement de la voiture. Pendant ce temps, un autre agent introduit nonchalamment le canon d'une kalachnikov par la fenêtre. Le chauffeur compte l'argent. Quand l'argent est entre les mains du « policier », la voiture peut repartir. Quelquefois, ils ne vous font pas signe de vous arrêter. Il faut néanmoins ralentir, rassembler la monnaie que l'on a dans les poches afin de pouvoir la jeter à terre au passage de la « barrière ». Bien entendu, ils ne peuvent arrêter toutes les voitures. Il s'agit donc d'un moyen efficace pour faire payer tous ceux qui empruntent cette route.

Tous les États que l'on traverse en se rendant de Kano à Sokoto appliquent la charia : Kaduna, Katsina, Zamfara. On arrive enfin à Sokoto, capitale de l'État homonyme, le plus occidental et le plus septentrional de tous ceux qui composent le Nigeria. C'est à peine une ville, avec sa grande mosquée au centre, et une circulation quasi nulle. En revanche, on se déplace énormément à bicyclette et à vélomoteur. On y sent la présence de l'islam, mais on est frappé aussi par le contraste entre cette religion et le caractère africain d'une population qui ne parvient pas à renoncer aux couleurs et à l'indolence si propres aux régions chaudes. On vend dans la rue des nattes aux teintes voyantes, et ces calottes blanches, finement brodées, dont se coiffent les hommes pour signifier qu'ils sont de bons musulmans. Les femmes sont voilées, mais elles portent souvent des robes de couleur, et se déplacent à un rythme qui n'a rien d'austère.

L'islam joue ici un rôle politique, et il suffit pour s'en rendre compte de regarder les photos officielles exposées dans les services publics et les magasins. À Lagos, la seule photo visible est celle du président Obasanjo ;

Safiya Hussaini Tungar Tudu

mais à Sokoto, on en trouve au moins deux, quelquefois trois : un grand format montrant le sultan vêtu de blanc, en train d'égrener son chapelet coranique, un deuxième portrait, plus petit, du gouverneur de l'État, et enfin, un troisième, encore plus petit, celui du président Obasanjo. En fait, on a bien souvent oublié de placarder la troisième photo.

Le village de Safiya se trouve en pleine savane, à trois heures de voiture de Sokoto. Là, loin de la ville, l'islam est moins présent, et les tensions politiques moins fortes. En parcourant ces chemins poussiéreux, on en vient à se demander comment un village aussi petit a pu devenir l'objet de l'attention internationale. Il en a pourtant bien été ainsi. Les enfants qui s'accrochent aux étrangers en sont la preuve : ils ne montrent ni crainte ni curiosité, habitués qu'ils sont désormais à ces diversions.

Safiya et Tungar Tudu sont devenus un instrument entre les mains des hommes politiques, une variable dans l'équilibre des pouvoirs au sein du Nigeria, ce géant de l'Afrique où règnent les tensions religieuses entre islam et christianisme, comme dans tous les pays du Sahel.

La mission de COOPI au Nigeria

La proposition de participer à la réalisation d'un livre sur l'aventure de Safiya nous est venue de l'éditeur Sperling & Kupfer alors même que notre organisation prévoyait d'explorer les possibilités de coopération avec le Nigeria. La maison d'édition se souciait en même temps des conséquences possibles de cette publication sur l'avenir de Safiya, et cela nous fut une agréable surprise. L'éditeur, en effet, n'oubliait pas le contexte social dans lequel s'était déroulée cette histoire. Nous avons tout de suite accueilli cette offre comme un défi. Le livre permettrait de sensibiliser d'une façon appropriée l'opinion publique sur la condition des femmes dans le Nigeria islamique du Nord ; en outre, les revenus de l'affaire seraient en partie réinvestis dans le pays sous la forme de projets de développement et de coopération. Dès lors, le livre est devenu pour nous un devoir.

L'idée était de mettre nos compétences au service d'une étroite collaboration avec l'auteur et l'éditeur. Nous avions derrière nous des années d'expérience menées en Afrique, en Asie et en Amérique latine. Aussi avons-nous pu nous rendre sur place et essayer de repérer les organisations humanitaires locales susceptibles de se mobiliser pour défendre Safiya. Nous avons eu la joie de découvrir qu'elles étaient nombreuses. Baobab a fourni à Safiya un soutien irremplaçable, non seulement sur le plan légal, mais aussi en termes de solidarité humaine. L'organisation WRAPA (*Women's Right Advancement and Protection Alternative*) a offert un secours au village de Safiya. D'autres organisations, sans prendre part directement à l'affaire, se sont activement manifestées, au sein de la société civile, par leurs actions pour promouvoir le rôle des femmes. C'est le cas notamment d'AGP (*Adolescent Girl Protect*), de WOSDI (*Women Support and Development Initiative*), de RUWOYD (*Rural Women & Young Development*) ou encore de *Path Advocacy for Better Conditions for Almajiris*.

Ces organisations opéraient sur place. Elles étaient en prise directe avec la situation sociale et politique. Nous avons cherché à définir avec elles la façon la plus efficace et la plus « compatible » d'employer les fonds dégagés par la vente du livre.

Outre les médias, les ONG nigérianes, africaines et internationales ont joué un rôle capital dans l'aventure de Safiya. Le support au niveau local s'est révélé important, surtout de la part des organisations qui militent pour la promotion de la femme.

Durant notre mission à Sokoto, en collaboration avec l'auteur, nous avons pu rencontrer une série d'organisations qui ont l'habitude de lancer sur le territoire des actions coordonnées, et de repérer avec une grande attention les besoins et les priorités.

Moi, Safiya, j'ai échappé à la lapidation

Nous avons rencontré les ONG à Sokoto pendant la réunion du comité de coordination au sein duquel elles se sont regroupées, et qui se charge de procéder à une répartition équitable des compétences et des activités.

La gratitude exprimée à notre égard a porté surtout sur notre disponibilité, ainsi que sur notre volonté de pénétrer la réalité du nord du pays. Le Nigeria est parfois quelque peu malmené par les médias qui aiment à le décrire comme la citadelle de l'intégrisme islamique. En réalité, l'islam y est moins radical que dans d'autres régions du monde.

Notre intérêt principal portait sur le type d'interventions que nous étions en mesure de réaliser en tant qu'ONG, d'une part en collectant de l'argent sur le sol italien, d'autre part en présentant des projets de développement à des bailleurs de fonds institutionnels.

Pour nous faire une idée précise de la situation, nous avons rencontré des représentants des ONG membres du comité. Ils nous ont montré des projets qui, pour la plupart, semblaient très limités. Cependant nous jugeons très importantes les « microactions », car elles sont destinées à soutenir des entreprises qui sont presque toujours féminines. Cet élément devait nous confirmer par la suite dans notre conviction selon laquelle le rôle de la femme est central dans le processus de développement du Sud. Une machine permettant d'extraire l'huile d'arachide – il s'agit d'une ressource essentielle dans la région – peut aider un groupe de femmes à augmenter ses revenus, soit par la production de dérivés en plus de l'huile, soit par la location de nouveaux équipements. Les gains sont répartis entre ceux qui participent à la petite coopérative, mais également réinvestis afin d'augmenter la production.

La formation des femmes est fondamentale, si l'on veut les aider à s'affranchir d'une situation qui les tient isolées, et à jouer un rôle actif dans la vie sociale. Toutes sortes de cours peuvent leur être donnés, qui leur permettent de s'intégrer dans le monde du travail, ceci sans violer la tradition. Il s'agit en fait de les orienter vers des métiers tels que la menuiserie, la gravure, la couture, les produits de la terre, le tannage des peaux.

Un thème que nous avons amplement abordé avec le comité est celui des droits de la femme. Une prise de conscience des femmes est nécessaire, indispensable même ; elle doit s'associer à une formation technique, à des actions d'information sur les droits de l'homme en général, sur les précautions sanitaires (prévention des maladies sexuellement transmissibles, soins infantiles) et sur les solutions légales offertes aux femmes victimes de violence.

Très intéressante aussi est la perspective d'instruire des formateurs qui, par un effet de multiplication, pourront toucher les populations, y compris des villages très éloignés.

Nos contacts avec les ONG locales sont privilégiés, car elles restent constamment ouvertes au dialogue et à l'échange de vues. Ce qui manque, à l'heure actuelle, ce sont des ressources permettant de soutenir, dans un délai assez bref, toutes les Safiya du Sokoto.

Moi, Safiya, j'ai échappé à la lapidation

Qu'est-ce que COOPI ?

COOPI est le sigle de « *Cooperazione Internazionale* ». Il s'agit d'une organisation non gouvernementale (ONG) italienne fondée en 1965. Elle dépense chaque année 20 millions d'euros dans des projets de développement et dans des interventions d'urgence. Elle compte parmi les principales ONG italiennes. Elle emploie 50 personnes en Italie, 120 personnes italiennes et européennes à l'étranger, et 1 600 personnes recrutées localement sur 126 projets dans 36 pays d'Afrique, d'Amérique latine, d'Asie et des Balkans. COOPI possède des sièges locaux où œuvrent des volontaires. Elle organise également en Italie des actions en faveur des échanges interculturels.

Nos objectifs

COOPI combat la pauvreté et l'injustice sociale en s'attaquant à ses causes. COOPI entend construire un monde qui garantisse la dignité de chacun, les droits de l'homme et l'égalité des chances.

Nos principes

Travailler avec les communautés locales pour comprendre les problèmes et définir ensemble les solutions adéquates.
Garantir l'efficacité des interventions grâce au profes-

sionnalisme de nos agents, et à une spécialisation en rapport avec le contexte où ils opèrent.

Promouvoir toutes les cultures en tant que moteur essentiel du développement des communautés.

Nos principaux secteurs d'intervention

1. La santé
Nous cherchons à renforcer la résistance des communautés les plus vulnérables en améliorant les services sanitaires de base et les programmes de prévention, avec une attention particulière accordée à la santé de la mère et de l'enfant.

2. L'eau
Nous cherchons à garantir l'accès à l'eau – consommation humaine, animale, agricole. Nous soutenons la gestion autonome des ressources hydrauliques et des systèmes de purification.

3. La formation
Nous cherchons à promouvoir la scolarité et l'apprentissage professionnel comme des moyens favorisant l'indépendance économique et le développement durable des communautés.

Les urgences

COOPI assiste les populations victimes de conflits ou de catastrophes naturelles. L'organisation fournit de la nourriture et des biens de première nécessité, de l'assistance médicale et psychologique ; elle aide à la reconstruction des habitations et des infrastructures publiques.

Elle développe en outre des programmes de formation à la prévention et à la gestion des catastrophes environnementales. Au plan de l'urgence, COOPI jette les bases de futurs programmes de développement, en prêtant grande attention au contexte dans lequel ils se déroulent, ainsi qu'à la continuité des interventions.

COOPI en Italie

Tous, nous pouvons contribuer à la construction d'un avenir de justice et de paix. Pour le faire, il faut avoir conscience de l'interdépendance entre le nord et le sud de la planète. Il faut connaître les vraies causes de la pauvreté, des guerres et de la marginalisation sociale, afin de pouvoir définir des solutions efficaces et durables.

Grâce à ses sièges locaux, et au soutien de centaines de volontaires, COOPI organise dans toute l'Italie des initiatives de sensibilisation et d'éducation au développement, ainsi que de promotion du changement culturel.

1. La formation
COOPI organise des cours sur la coopération à l'intention des volontaires, ainsi que des mastères universitaires « Coopération et Développement ».

Safiya Hussaini Tungar Tudu

2. *L'éducation au développement*
COOPI mène des campagnes d'information et des interventions dans les écoles. Elle anime des publications comme l'*Altrofestival* (une revue consacrée au théâtre multiethnique) et *COOPIE-State*.

COOPI rassemble des fonds privés et finance ses activités en lançant des initiatives.

COOPI s'intéresse également au tourisme responsable, et à cette fin organise des voyages destinés à faire connaître ses projets, ainsi que les communautés et les pays dans lesquels l'organisation est présente.

COOPI – Cooperazione Internazionale
Via de Lemene 50 – 20151 Milano
Tél. 023085057 – Fax. 0233403570
Numéro vert : 800117755
www.coopi.org
coopi@coopi.org

Pour nous soutenir :
C/C postal n. 990200
C/C bancaire n. 102369, Banca Etica – ABI 05018, CAB 12100.
Les dons doivent être libellés à COOPI, via de Lemene 50 – 20151 Milano, Italie.

Annexes

Postface

par Abdulkadir Imam Ibrahim

J'écris cette postface en qualité de premier avocat de la défense au procès qui a conclu à l'acquittement de Safiya Hussaini Tungar Tudu.

Avec l'arrivée au Nigeria des colonialistes anglais, la charia fut supprimée, pour n'être restaurée qu'avec le gouvernement actuel, en mai 1999. Furent alors réintroduites un certain nombre de lois qui avaient été abolies en 1914, quand les colonialistes anglais avaient unifié l'ensemble du territoire en une seule entité politique. Ces lois furent appliquées strictement.

En 1960, le gouvernement britannique concéda l'indépendance au Nigeria qui devint enfin un État souverain. Il s'ensuivit des affrontements entre groupes d'intérêt impliquant les musulmans au nord, les chrétiens au sud et diverses minorités réparties sur l'ensemble du pays.

Je voudrais analyser ici en détail les effets de la charia, telle qu'elle fut accueillie par certains musulmans, et le conflit qui opposa musulmans et non musulmans à propos de la réintégration de la charia dans le système législatif nigérian. J'examinerai la place de la charia dans l'histoire du Nigeria avant et après la colonisation. J'illustrerai la façon qu'ont actuellement plusieurs États septentrionaux d'appliquer rigoureusement les lois islamiques ; et les protestations que ces pratiques ont déclenchées au sein du monde occidental. Car si le cas de Safiya Hussaini Tungar Tudu est bien connu, il n'est en fait qu'un exemple parmi beaucoup d'autres.

La charia est un corpus de principes religieux islamiques qui a fini par faire force de loi dans la vie des musulmans. Personne n'est obligé d'embrasser la foi musulmane ; mais quand on est musulman, on doit obéir à la charia. Ce système de lois touche à tous les domaines. Ses principes fondateurs sont contenus dans le Coran. Interprétations relatives et commentaires figurent dans le hadīth, où sont recueillis les propos et les actes du Prophète sacré Mahomet (la paix soit avec lui). Pour être valides, les lois d'une société islamique doivent être conformes à la charia.

La charia et la religion islamique furent introduites dans le nord du Nigeria par les caravanes et les marchands venus de l'Afrique septentrionale, du Soudan, par exemple, du Maroc ou encore d'Égypte. Au début du XIXe siècle, le jihad de Sokoto, déclenché par Usman Dan Fodio, donna naissance au califat de Sokoto, lequel regroupa plusieurs régions du nord. On se mit alors à appliquer strictement les sanctions prévues par la charia, et cette situation perdura jusqu'à l'arrivée des colonialistes anglais.

D'abord, le droit colonial prit l'avantage sur la charia ; puis s'imposèrent les lois du nouveau gouvernement. Des dispositions furent prises, selon lesquelles il devenait impossible d'infliger des punitions « contraires à la justice naturelle et à la nature humaine ». Les sanctions prévues par la charia pour les délits de *zina* (adultère), de *sariga* (vol) et *hiraba* (vol à la tire) furent suspendues.

Les organes administratifs de la loi islamique, tels le Conseil judiciaire de l'Émir et les tribunaux des *alkali* (les juges islamiques), se trouvèrent placés sous le plein contrôle de l'autorité coloniale. Le pouvoir s'exerçait selon les modalités suivantes :

– Interdiction de tous les tribunaux non reconnus par le « résident » – un fonctionnaire colonial. Un tribunal non autorisé qui prononçait une sentence s'exposait à des poursuites.

– Le pouvoir de nomination des juges était transmis au résident. Les membres des tribunaux autochtones étaient suspendus et limogés.

– Le résident se voyait remettre d'amples pouvoirs d'inspection, de révision des sentences, de transfert de dossiers, etc.

– Les condamnations à mort prononcées par les tribunaux de l'Émir devaient obligatoirement être ratifiées par le gouvernement.

Contrairement à ce qui se passait dans le sud, les fonctionnaires coloniaux ne s'occupaient pas de l'administration de la loi, ni du droit coutumier qui fut soumis aux mêmes limitations. La plupart des affaires étaient traitées en effet par les tribunaux des alkali. Ce système convenait fort bien au gouvernement colonial. Le déclin de la charia commença en 1947 avec la fameuse affaire Tsofo Gubba.

Safiya Hussaini Tungar Tudu

Tsofo Gubba contre l'Autorité autochtone de Gwandu (1947, *West Africa Court of Appeal*, 12, 141)

Accusé d'homicide volontaire, Tsofo Gubba fut jugé par un tribunal islamique selon la loi autochtone, et condamné à mort. En appel, la cour suprême décida qu'à la lumière des faits, la sanction retenue était conforme à la loi islamique pour délit de *qisas* – crime de sang. Mais elle jugea aussi que si l'on se référait au code pénal, et non à la loi islamique, alors l'accusé était coupable d'homicide involontaire, et donc passible d'une peine inférieure.

Toutefois, la Cour suprême estima qu'elle n'avait pas le pouvoir de modifier la sentence, dans la mesure où le tribunal autochtone avait reçu l'autorisation officielle, primo d'exercer sur la base des lois et des coutumes autochtones, secundo d'émettre toutes les sentences prévues dans ce corpus, tant qu'elles n'étaient pas « contraires à la justice naturelle et à la nature humaine ».

L'affaire fut transférée à la cour d'appel d'Afrique occidentale (WACA), laquelle reçut mission de déterminer si les tribunaux autochtones avaient le pouvoir de juger sur la base des lois et des coutumes locales. Fut examinée d'autre part la disposition de l'article 4 du code pénal, selon laquelle « nul ne pourra être jugé et condamné par un tribunal non autochtone, hormis les cas expressément mentionnés par le code ou autres dispositions officielles ». Cette clause fut supprimée en 1933.

Toutefois, la cour d'appel d'Afrique occidentale jugea que l'amendement avait pour effet de rattacher les tribunaux autochtones au code pénal. Ainsi, quand un tribunal autochtone était saisi d'un crime passible du code pénal, c'était au code pénal qu'il devait se référer. En d'autres termes, l'effet de l'amendement était de ne recourir à la loi et aux coutumes autochtones que lorsque les délits n'étaient pas prévus par le code pénal.

En se fondant sur cette interprétation, la cour d'appel d'Afrique occidentale déclara que le tribunal autochtone aurait dû appliquer le code pénal, et déclarer qu'en conséquence la peine prononcée était injuste, puisque la chose jugée était un homicide involontaire. Cependant, en examinant son propre statut, la cour s'aperçut qu'elle n'avait pas compétence pour infirmer les verdicts prononcés par les autres tribunaux ; aussi se contenta-t-elle d'annuler la condamnation, et de casser la sentence.

Les réactions à l'affaire Gubba

Dans le nord du pays, la décision de la cour d'appel d'Afrique occidentale fut condamnée aux motifs suivants :

– Il n'était pas possible de forcer les tribunaux alkali à ignorer les traditions séculaires au profit d'un code pénal qui leur était absolument étranger.

– Le fait de forcer les tribunaux alkali à renoncer à la loi islamique au profit du code pénal était perçu comme un renversement de l'administration judiciaire du nord du pays, et comme une violation de l'engagement pris par les Anglais de ne pas interférer dans l'islam.

Résolution du conflit relatif à l'affaire Gubba

1. Approbation du décret concernant les tribunaux autochtones

Ce décret fournit des dispositions destinées à demeurer en vigueur jusqu'en octobre 1951, dans l'attente d'une modalité permettant de concilier d'une façon plus satisfaisante les deux systèmes juridiques.

En voici les dispositions :

a) Il était affirmé dans l'article 3 que les tribunaux autochtones étaient compétents pour légiférer sur des infractions aux lois et aux coutumes locales, y compris quand le crime était prévu par le code pénal. Les tribunaux autochtones recevaient le pouvoir d'appliquer certaines parties du code pénal. Cette disposition mettait les tribunaux autochtones à l'abri d'une nouvelle affaire Gubba, et garantissait leur droit d'appliquer le code pénal quand ils le jugeaient nécessaire.

b) Les cours d'appel se virent attribuer des pouvoirs étendus allant des tribunaux autochtones jusqu'à la cour d'appel d'Afrique occidentale. Lesdites cours avaient désormais compétence pour :
– ordonner l'ouverture d'un nouveau procès,
– ordonner la tenue d'une nouvelle audience, éventuellement avec une autre accusation,
– obtenir un verdict attesté par les faits.

Il s'agissait de permettre à la cour d'appel de substituer, entre autres choses, à un verdict d'homicide volontaire prononcé en termes islamiques, un verdict d'homicide involontaire selon le code pénal.

L'article 5 prévoyait que seraient automatiquement réexaminées les affaires d'homicides jugées par un tribunal autochtone, et contre lesquelles il n'avait pas été interjeté appel. À la fin du procès, les actes étaient transmis à la Cour suprême. Tous les juges de la Cour suprême avaient le pouvoir d'annuler un verdict prononcé par une cour autochtone dans le cas où ils le réputaient inacceptable, parce que prononcé au désavantage du code pénal. Le choix consistait alors :

Moi, Safiya, j'ai échappé à la lapidation

a) à acquitter l'accusé,

b) à renvoyer le procès devant la Cour suprême, avec pour seule référence le code pénal,

c) en cas de condamnation à mort, à substituer à l'accusation celle d'homicide involontaire, et à réduire la peine en conséquence,

d) à déclarer l'accusé coupable mais non responsable pénalement, et à engager les actions prévues dans ce cas par le code pénal.

La mesure judiciaire ne pouvait être prise qu'à échéance du délai d'appel, lequel était présenté devant la Cour suprême ou devant la cour d'appel d'Afrique occidentale. Les procès devant les tribunaux autochtones, dans d'autres affaires que les homicides, pouvaient être rejugés quand était requise la transmission des actes à la Cour suprême, et que six mois s'étaient écoulés après le prononcé du verdict.

Observations :

a) Le but était de corriger l'anomalie mise en évidence par l'affaire Gubba. Grâce aux pouvoirs extraordinaires impartis à la cour d'appel, l'affaire ne pouvait se répéter. En effet, dans le cas Gubba, la cour d'appel d'Afrique occidentale avait annulé la sentence sans avoir la compétence de prononcer une autre peine.

b) Les tribunaux musulmans virent leurs compétences diminuées encore vis-à-vis de celles des tribunaux coloniaux anglais.

c) L'anomalie persista en ce qui concernait la double juridiction en matière d'homicide.

Avant que le Nigeria n'obtienne l'indépendance, en 1960, le gouvernement colonial et les chefs nationalistes du Nord conclurent un accord au terme duquel le système légal et judiciaire devrait être revu dans la partie septentrionale du pays.

Raisons :

a) Les craintes des minorités. La question fut soulevée lors de l'assemblée constituante de 1957. Le gouvernement britannique déclara qu'il refusait de fixer une date pour l'indépendance tant que le problème ne serait pas résolu. On en vint ainsi à un second accord d'après lequel le secrétaire d'État nommerait une commission d'enquête, avec pour objectif d'évaluer les craintes des minorités. Le rapport de cette commission devait être examiné durant la session de l'assemblée prévue pour l'année suivante. La commission travailla du 23 novembre 1957 au 12 avril 1958. Les craintes des minorités concernaient :

– La situation des parties non musulmanes dans les tribunaux musulmans. Il arrivait en effet de voir comparaître des non musulmans pour des crimes qui n'existaient que dans la loi islamique.

– La loi musulmane stipulant que le coupable d'homicide avait la possibilité de verser aux parents de la victime une amende fixée en vertu de la religion.

– Le contrôle de l'autorité autochtone sur les tribunaux autochtones.

On représenta à la commission que le fait de limiter la discrimination contre les non musulmans faisait courir des risques à l'indépendance du Nigeria.

b) Les craintes concernant l'avenir économique des régions septentrionales. On fit valoir aux chefs du Nord que la survie économique des régions septentrionales, une fois l'indépendance obtenue, dépendrait de la volonté des pays occidentaux de fournir assistance et investissements. À faire prévaloir la loi islamique, on risquait d'empêcher la venue des investissements.

c) Le conflit entre le code pénal colonial et le code pénal islamique n'avait pas encore trouvé de solution satisfaisante.

2. Envoi de délégations dans les autres pays musulmans

Désireux de réformer le système législatif, le gouvernement colonial du Nigeria septentrional envoya des délégations dans des pays musulmans affranchis depuis peu de la domination coloniale. Il s'agissait d'étudier sur place comment ces problèmes se posaient. Une délégation partit pour le Pakistan, une autre pour la Lybie, une troisième pour le Soudan.

Les craintes exprimées par les minorités jouèrent un rôle non négligeable dans le mandat des délégations. Il s'agissait de prendre en considération, entre autres choses, la tendance à faire comparaître des non musulmans sous des accusations qui n'avaient de sens qu'au regard de la loi islamique, la soumission des non musulmans à des procédures musulmanes, et l'interdiction faite aux non musulmans de témoigner devant des cours musulmanes.

Les délégations remirent leurs conclusions en juillet 1958, et celles-ci faisaient apparaître nettement la possibilité d'accomplir des pas importants vers la résolution de ces problèmes, sans violer les principes fondamentaux de l'islam.

3. Envoi de délégations dans les autres pays musulmans

En 1958, le gouvernement du Nigeria septentrional nomma un collège de juristes chargés de rédiger un catalogue de réformes concernant la justice.

a) En examinant la situation des pays où musulmans et non musulmans vivaient en bonne harmonie – en particulier

la Lybie, le Pakistan et le Soudan –, il était nécessaire de prendre en considération les éléments suivants :
- Le système législatif en vigueur dans le nord du pays, l'organisation des tribunaux et le système judiciaire.
- La possibilité et l'utilité d'éviter d'éventuels conflits entre systèmes législatifs en vigueur ; comment atteindre cet objectif ; comment réorganiser les tribunaux et la magistrature.

b) Le rapport de la commission en ce qui concerne les minorités. Le collège jugea qu'il convenait :
- D'accorder aux non musulmans le droit de n'être pas jugés par des tribunaux musulmans.
- De charger un collège de juristes de nommer et d'administrer un corps régional d'alkali.

c) Les membres :
- Sayyad Mohammed Abu Rannat, Premier Juge, Soudan.
- J. Moh'd sheriff, président de la Commission légale du Pakistan.
- Le professeur J.N.D. Anderson, membre de la SOAS.
- Shetima Kashim, *gaziri* du Borno.
- Peter Achimugu, chrétien du Nigeria septentrional.
- M. Musa, alkali de Bida.

d) Proposition :

A) LOIS DEVANT ÊTRE APPLIQUÉES
- Le Nigeria septentrional doit se doter d'un code pénal et d'un code de procédure pénale universels et se substituant aux lois en vigueur. Le code doit respecter les principes fondamentaux de l'islam, mais être dans le même temps acceptable par tous. Il est proposé de fonder le code sur ceux qui sont en vigueur au Soudan et au Pakistan, lesquels sont simples, conformes aux

principes du Coran et de la sunna, acceptables par les musulmans ;
- les lois en matière de droit des personnes, et le droit de la famille de toutes les communautés, doivent demeurer en vigueur sans être altérés ;
- les contrats seront soumis à la loi préalablement choisie par les parties pour régulariser leurs transactions ;
- les délits civils seront réglés par des lois applicables aux parties. Il est souligné qu'en cas de litige, c'est le droit pénal qui prévaudra. Les tribunaux autochtones commenceront par se servir du code comme simple élément de référence – ainsi les juges pourront s'y habituer. La haute cour et la préture reçoivent le droit d'application immédiate.

B) DISSOCIATION

La commission des minorités suggéra d'autoriser les non musulmans à se détacher des tribunaux musulmans. Le collège proposa d'adopter cette mesure de façon transitoire, afin de donner aux juges le temps de se familiariser avec l'application des codes.

La procédure fut introduite en 1958. Elle imposait aux tribunaux autochtones de demander à l'inculpé de signaler sa religion. S'il était musulman et que le tribunal ne l'était pas, ou vice versa, il avait le droit de refuser d'être jugé par cette cour.

Cette procédure, difficile à appliquer, provoqua nombre de problèmes, et finit par être supprimée en 1961.

C) RÉORGANISATION DES TRIBUNAUX NATIONAUX

Outre la réorganisation du système d'appel, le collège a proposé également la formation et la supervision des alkali et des fonctionnaires des tribunaux autochtones.

– *Système d'appel*. Chaque province doit être dotée de

son propre tribunal où opèrent les fonctionnaires du gouvernement régional spécialement nommés à cet effet par la commission idoine. Le tribunal doit comprendre un alkali, ou un président, et deux membres du jury. C'est le premier pas vers la création d'un système judiciaire appuyé sur une base régionale. Les tribunaux de province sont indépendants de l'autorité autochtone ; on y juge les affaires en appel contre les décisions des tribunaux de classes A, B, C et D.

La cour d'appel musulmane doit être remplacée par la cour d'appel de la charia, laquelle comprend un grand kadi, un vice grand kadi, et vingt juges en charge de tous les recours en appel concernant le droit des personnes de confession musulmane. La décision de cette cour est sans appel. Devant la cour d'appel de la charia, viennent les recours en appel contre les sentences des tribunaux de classe A et A limité, ainsi que celles des tribunaux provinciaux.

– *Formation et supervision.* Le collège fit les recommandations suivantes :
- Organiser des cours de formation à l'Institut d'administration du Zaria, afin de transmettre aux juges les modalités d'application des nouveaux codes.
- Organiser des cours à l'intention des Nigérians du Nord, afin de former de nouveaux magistrats et de nouveaux juges pour la haute cour.
- Décourager l'emploi de représentants légaux dans les tribunaux autochtones, et augmenter le salaire des alkali.

Cette pratique resta en vigueur jusqu'en mai 1999. Cette année-là, les gouverneurs des États du nord réintroduisirent la charia, dont ils préconisèrent une application rigide, y compris dans le cas de sanctions telles que :

Moi, Safiya, j'ai échappé à la lapidation

- La peine de mort par lapidation pour adultère commis par une personne mariée.
- Les cent coups de fouet pour adultère commis par une personne non mariée.
- L'amputation de la main pour vol.

Le premier État à réintroduire la charia fut le Zamfara, dans le nord-ouest du pays. Les autres États à suivre cet exemple furent le Sokoto, le Kano et le Kebbi.

Le 27 octobre 1999, Mohammadu Jero fut accusé d'avoir volé une vache dans son village du Zamfara. Il fut amputé de la main droite.

On signale une même approche intégriste dans l'application de la charia au Sokoto, ainsi que dans les autres États du Nord. Certains d'entre eux ont même aboli le code pénal et le code de procédure pénale en vigueur, afin de leur substituer ceux de la charia.

Ceci nous conduit à l'affaire bien connue de Safiya Hussaini Tungar Tudu.

Safiya

Safiya Hussaini Tungar Tudu a été condamnée par la Cour suprême de la charia de Gwadabawa pour présomption d'adultère (*zina*). Elle a été condamnée à mourir par lapidation en vertu de l'article 129, alinéa b, du code pénal de la charia du Sokoto. Le verdict a été prononcé le 9 octobre 2001.

Safiya Hussaini Tungar Tudu s'est présentée à notre étude le 23 octobre 2001, exactement deux semaines après le verdict. Après avoir écouté le récit des faits, nous avons rédigé la demande d'appel. Le recours a été présenté à la cour d'appel de la charia du Sokoto, comme prévu par l'article 233, paragraphe 2, alinéa b du code de procédure pénal de la charia du Sokoto.

Cinq jours plus tard, Malam Mustapha Ismael s'est présenté à notre étude. Il venait du Kano, et représentait les intérêts du Baobab, une organisation de Lagos pour les droits de l'homme. La Baobab demandait à être associé à la défense de Safiya Hussaini Tungar Tudu. Nous avons accepté leur offre ; il s'en est suivi nombre de rencontres.

Le 22 novembre 2001, la cour d'appel de la charia du Sokoto a reçu la demande d'appel au nom de Safiya Hussaini Tungar Tudu, et renvoyé l'audience au 14 janvier 2002.

À cette date, l'avocat Abdulkadir Imam Ibrahim a présenté le recours en appel en faveur de Safiya Hussaini Tungar Tudu. La cour a renvoyé le jugement au 18 mars 2002, afin de permettre au ministère public du Sokoto de répondre aux questions soulevées.

Voici les points qui donnèrent lieu à argumentation durant l'audience :

1. Point n° 1

Dans le recours en appel présenté par notre étude, l'avocat de la défense Abdulkadir Imam Ibrahim a fait valoir que la Cour suprême de la charia de Gwadabawa avait outrepassé les limites de sa compétence. En effet, celle-ci avait commis l'erreur suivante. Étant donné les actes de cette propre cour, le crime d'adultère fut notifié à Safiya Hussaini Tungar Tudu le 23 décembre 2000, alors qu'elle était enceinte d'un mois ; or, d'après le code pénal de la charia du Sokoto, la loi était entrée en vigueur le 31 janvier 2001. Il est bien connu que le droit pénal n'a pas de valeur rétroactive. Référence est faite à l'article 4, paragraphe 9, à l'article 36, paragraphe 8, et à l'article 277, paragraphe 1 de la Constitution de la République fédérale du Nigeria (1999).

Moi, Safiya, j'ai échappé à la lapidation

2. Point n° 2

Rétractation, de la part de Safiya Hussaini, de ses déclarations précédentes, ou de l'aveu présumé selon lequel elle aurait commis le prétendu crime d'adultère (*zina*) avec un certain Yakubu Abubakar Tungar Tudu ; cette rétractation est associée à des doutes concernant l'ensemble de l'affaire. Il est fait référence à divers énoncés du Prophète sacré Mahomet (la paix soit avec lui) dans les livres suivants :

Mukhtasar, vol. II, p. 285 ; *Fiqhu sunnah*, vol. II, p. 241 ; *Biday at-al-Mujthid wani hayyat al-Muqtasid*, vol. II, p. 468 ; *Ihkamu al-Ahkami*, p. 118 ; *Sahib al-Muslim*, vol. II, p. 193.

3. Point n° 3

Semblablement, nous concluons en substituant à la jurisprudence et aux textes en matière de rétractation la juridiction et les textes relatifs à la maternité. Voici les textes :

L'accusation a demandé si, au moment d'être entendue par la Cour suprême de la charia de Gwadabawa, Safiya Hussaini Tungar Tudu était effectivement une *mushsinee*, à savoir une femme légalement mariée, et donc susceptible de mériter la peine de mort par lapidation pour le crime d'adultère (*zina*). Nous nous référons, entre autres, au texte suivant : *Bidayat al-Mujtahid wa nihayat al-Mugtasidi*, p. 470.

4. Point n° 4

Nous disons que l'*izari*, à savoir le droit des parties de se prononcer une dernière fois avant la sentence, a été nié. La référence à la jurisprudence et aux textes sur l'importance de l'izari permettent de démontrer que ce manque, de la part d'un tribunal de la charia, conduit à une nullité de la sen-

tence. Nous nous référons, en la matière, aux textes suivants :
Ihkamu al-Ahkami ; *Bahjah* ; *Mukhtasar*.

5. Point n° 5

L'honorable juge de la Cour suprême de la charia de Gwadabawa avait fondé la condamnation de Safiya Hussaini Tungar Tudu sur le fait que l'accusée était enceinte. Nous argumentons contre cette déclaration en nous référant au consensus général, et à l'opinion de Shafi, selon lesquels l'état de grossesse en lui-même n'est pas un motif suffisant pour prononcer une sentence de mort par lapidation. Voir *Sahib al-Muslim*, vol. II, pp. 192-193.

6. Point n° 6

Nous contestons les modalités d'arrestation et de comparution de Safiya Hussaini Tungar Tudu devant la Cour suprême de la charia de Gwadabawa. En effet, ces modalités étaient en contradiction avec les principes de la charia : les circonstances qui ont conduit à l'arrestation équivalaient à un acte d'ingérence indue, étant donné que l'un de ses frères (fils de ses propres parents) l'a dénoncée au tribunal chargé de veiller sur le comportement de la population en matière religieuse. Le tribunal, à son tour, avait informé la police, qui avait procédé à l'arrestation de l'accusée. Il s'agit d'une nouvelle infraction au Coran sacré, selon lequel on doit respecter la vie privée d'autrui. En outre, les textes disent que le Prophète sacré Mahomet (la paix soit avec lui) s'emporta contre les gens qui se conduisaient ainsi.

Moi, Safiya, j'ai échappé à la lapidation

7. Point n° 7

Nous disons une fois encore que la procédure suivie par la Cour suprême de la charia de Gwadabawa n'était pas conforme à la loi constitutionnelle. En effet, un examen approfondi des actes de procédure de la préture montre qu'il n'a pas été permis à l'accusée de vérifier la véracité des preuves présentées. En conséquence, l'audience est passible de nullité. Voir l'article 35, paragraphe 2 et l'article 36, paragraphe 1 de la Constitution de la République fédérale du Nigeria (1999).

On se souvient que le recours en appel fut présenté devant la cour d'appel de la charia du Sokoto le 14 janvier 2002. L'audience fut reportée au 18 mars pour permettre au ministère public de répondre aux arguments de l'avocat de la défense. À cette date, l'avocat de la défense et le ministère public ont prononcé leurs plaidoiries respectives, et la cour a fixé la date de son verdict au 25 mars 2002.

Le verdict définitif de la cour d'appel de la charia fut prononcé le 25 mars 2002. La sentence était annulée, et Safiya Hussaini Tungar Tudu lavée de l'accusation d'adultère (*zina*).

Résumé

1. La charia est présente dans le nord du Nigeria depuis le XVIe siècle.

2. Le jihad de Shehu Usman Dan Fodio entend rétablir la pratique de la charia, et éradiquer les formes corrompues de cette pratique sur le territoire du califat.

3. L'arrivée des colonialistes anglais dans le nord du pays a un fort impact politique ; elle exerce une influence néga-

tive, et sur le système d'éducation, et sur le développement culturel, par l'imposition d'un mode de vie typiquement occidental.

4. Le fait que les Anglais aient supprimé, du code pénal en vigueur dans le nord du pays, les peines de lapidation et d'amputation, a édulcoré la pratique de la loi islamique dans cette région.

5. Les tentatives pour redonner force à la loi islamique à l'occasion de l'Assemblée constituante de 1978 ont échoué à cause de la faible représentation des musulmans.

6. Le gouverneur du Zamfara, Alhaji Sani Ahmed, a réintroduit divers aspects de la charia supprimés par les Anglais lors de l'institution du code pénal. Ce mouvement a déclenché de nouvelles polémiques sur le système légal adopté au Nigeria.

7. Une application équilibrée de la charia dans le nord du Nigeria suppose que soit encouragé le dialogue entre les personnes directement impliquées, comme c'est le cas au Kaduna. Les chefs chrétiens et musulmans doivent confronter leurs points de vue en ce qui concerne la loi, et tenter de trouver un compromis. Ce débat n'a lieu, actuellement, qu'entre les hommes politiques.

Proposition

1. Une amélioration des conditions socio-économiques des États où la charia est en vigueur permettrait une application plus équilibrée de celle-ci.

2. La structure de la charia en vigueur dans le nord du Nigeria est différente de celle qui prévalait avant l'époque

Moi, Safiya, j'ai échappé à la lapidation

coloniale, différente aussi de celle instituée après l'indépendance de 1960. Entre 1960 et 1999, la structure de la charia prenait seulement en compte le droit des personnes, à l'instar de celle qui était en vigueur entre 1900 et 1960, avec cette différence que dans cette dernière, les Anglais demeuraient vigilants sur l'interdiction de certaines sanctions particulières en usage avant la période coloniale.

3. Il est important d'éduquer le peuple aux principes de la loi islamique, afin d'éviter les erreurs judiciaires.

4. Il est nécessaire de confier l'administration de la loi à des fonctionnaires éduqués et impartiaux, afin d'éviter les erreurs judiciaires.

5. Actuellement, la charia n'a aucun effet sur les hauts fonctionnaires du gouvernement, ni sur les notables locaux.

Maître Abdulkadir Imam Ibrahim,
étude Mutunci,
février 2003.

Remerciements

Ce livre n'aurait pu voir le jour sans la formidable intuition professionnelle de Marcella Meciani. Nous devons lui exprimer une gratitude toute particulière. En effet, c'est elle qui a eu l'idée de raconter l'histoire de Safiya, et passé des heures, dans les locaux de Sperling & Kupfer à Milan, à me convaincre que j'étais parfaitement à même de recueillir le témoignage de Safiya et d'en faire un livre. Aujourd'hui que le livre existe, je dois admettre qu'il doit beaucoup à la ténacité de Marcella.

Mais c'est toute la maison d'édition qui m'a apporté son concours, à commencer par la directrice éditoriale Carla Tanzi. Dès le début, Carla a cru en cette entreprise. Elle a accepté de faire de cette histoire non seulement un livre, mais également un combat citoyen et solidaire.

Je dois remercier aussi Elisabetta Albieri qui a lu et relu, avec patience et compétence, les chapitres du livre. Merci à Edi Vesco : ses interventions étaient si pleines de sensibilité qu'il semblait avoir connu Safiya avant moi.

Safiya Hussaini Tungar Tudu

Le prince Alum, un Nigérian de l'Est, a voyagé avec moi. Il a séjourné lui aussi à Sokoto et à Tungar Tudu. Tandis que s'écoulaient les heures africaines, nous avons eu ensemble de longs et précieux palabres. C'est grâce à lui que j'ai pu situer l'aventure de Safiya dans son vrai contexte.

Michele Romano, le directeur de COOPI, a accepté sans hésitation de mettre la compétence et l'expérience de son organisation au service du projet. C'est un exemple rare de société « *no profit* » collaborant avantageusement avec l'univers des sociétés « *profit* », et influençant positivement leurs objectifs.

Il me faut remercier aussi l'ambassade du Nigeria en Italie, et tout particulièrement H. R. Imrana, conseiller des Services de communication. Ses précieux conseils nous ont permis de partir du bon pied, à l'heure d'affronter des thématiques qui, dans son pays, sont à l'origine d'âpres conflits.

Merci enfin au Centre Dionisya pour les Arts et les Cultures de Rome qui a tenu à faire venir Safiya en Italie ; merci à Stephanie Gengotti pour le soutien qu'elle a su offrir durant le voyage de Safiya à Rome, en 2002 – quand tout a commencé.

Table

Prologue. En fuite 7
1. Une enfance au pays haoussa 15
2. L'école, enfin 25
3. Je ne veux pas me marier ! 36
4. Ma nouvelle famille 46
5. Épouse et mère 56
6. Allah, prends-moi, plutôt qu'eux ! 66
7. Répudiée 86
8. Une rencontre fatale 93
9. L'accusation 110
10. Le procès 120
11. Imam 133
12. Présages 141
13. Le monde doit savoir 150

14. Sauvée	157
15. Rome, le monde	173
16. Un bonheur tout neuf et divers projets	183
Ma rencontre avec Safiya, par Raffaele Masto	189
La mission de COOPI au Nigeria	201
Annexes	211
Postface, par Abdulkadir Imam Ibrahim	213
Remerciements	233

*Composition PCA
44400 – Rezé*

Impression réalisée sur CAMERON par

BRODARD & TAUPIN
GROUPE CPI
La Flèche

*pour le compte des Éditions Michel Lafon
en mars 2004*

Imprimé en France
Dépôt légal : avril 2004
N° d'impression : 23414
ISBN : 2-7499-0087-5
LAF 561